AF195010

Impressum
Verlag: BABADADA GmbH, Nedderfeld 112 , 22529 Hamburg
Geschäftsführer / Verlagsleitung: Harald Hof
Druck: Books on Demand GmbH, In de Tarpen 42, 22848 Norderstedt

Imprint
Publisher: BABADADA GmbH, Nedderfeld 112 , 22529 Hamburg, Germany
Managing Director / Publishing direction: Harald Hof
Print: Books on Demand GmbH, In de Tarpen 42, 22848 Norderstedt, Germany

xue xiao

die Schule

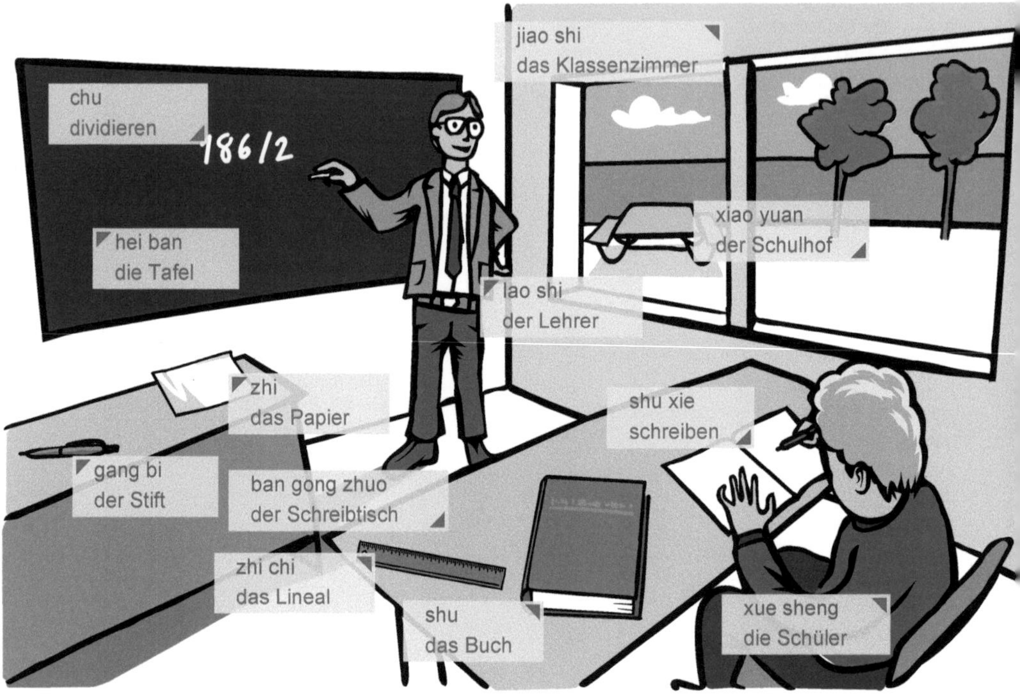

jiao shi
das Klassenzimmer
chu
dividieren
186/2
hei ban
die Tafel
xiao yuan
der Schulhof
lao shi
der Lehrer
zhi
das Papier
shu xie
schreiben
gang bi
der Stift
ban gong zhuo
der Schreibtisch
zhi chi
das Lineal
shu
das Buch
xue sheng
die Schüler

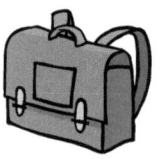

shu bao

der Ranzen

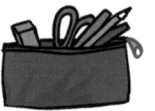

qian bi he

die Federmappe

qian bi

der Bleistift

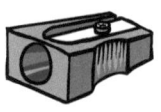

juan bi dao

der Bleistiftanspitzer

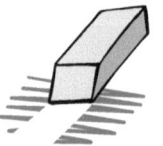

xiang pi ca

das Radiergummi

hua ban

der Zeichenblock

tu hua

die Zeichnung

hua bi

der Pinsel

yan liao he

der Malkasten

jian dao

die Schere

jiao shui

der Klebstoff

lian xi ce

das Übungsheft

jia ting zuo ye

die Hausaufgabe

12

shu zi

die Zahl

2+2

jia

addieren

5-2

jian

subtrahieren

2×2

cheng

multiplizieren

ji suan

rechnen

A

zi mu

der Buchstabe

**ABCDEFG
HIJKLMN
OPQRSTU
VWXYZ**

zi mu biao

das Alphabet

hello

zi

das Wort

ke wen

der Text

du

lesen

fen bi

die Kreide

shang ke

die Stunde

deng ji

das Klassenbuch

kao shi

die Prüfung

zheng shu

das Zeugnis

xiao fu

die Schuluniform

jiao yu

die Ausbildung

bai ke quan shu

das Lexikon

da xue

die Universität

xian wei jing

das Mikroskop

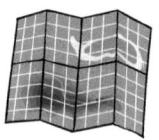

di tu

die Karte

fei zhi kuang

der Papierkorb

lü xing
die Reise

jiu dian
das Hotel
Grand
qing nian lü xing she
die Herberge
ROOMS
wai bi dui huan chu
die Wechselstube
shou ti xiang
der Koffer
qi che
das Auto

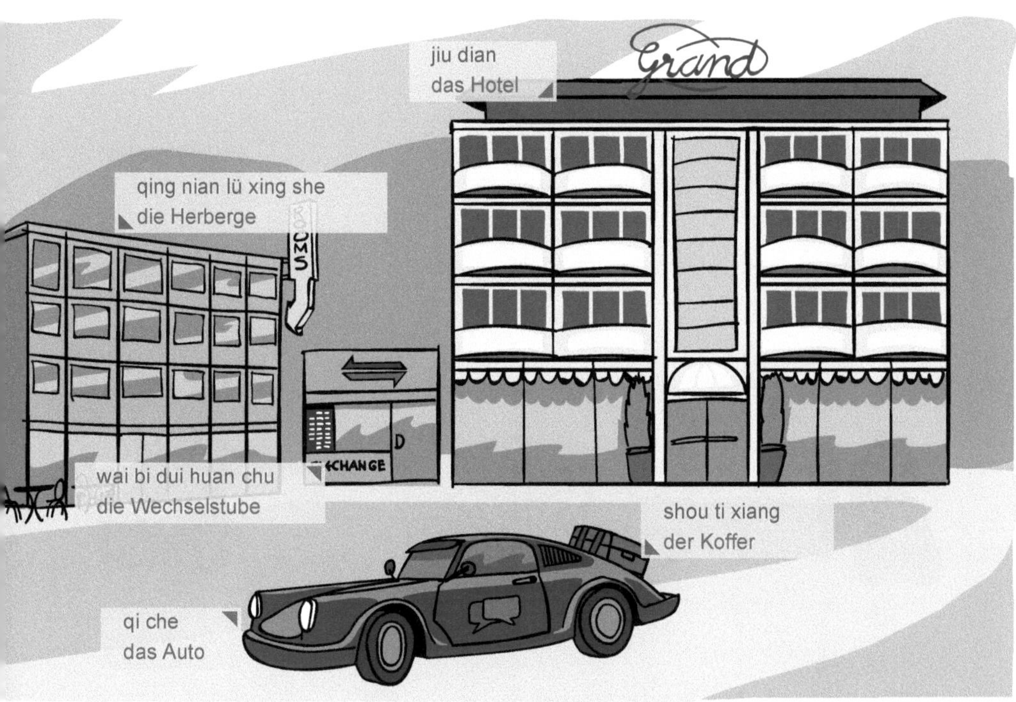

yu yan

die Sprache

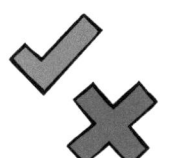

shi/fou

ja / nein

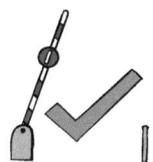

hao de

Okay

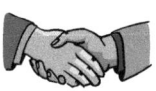

nin hao

Hallo

fan yi yuan

der Übersetzer

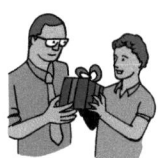

xie xie

Danke

......duo shao qian?

Was kostet...?

wo bu ming bai

Ich verstehe nicht

wen ti

das Problem

wan shang hao!

Guten Abend!

zao shang hao!

Guten Morgen!

wan an!

Gute Nacht!

zai jian

Auf Wiedersehen

fang xiang

die Richtung

xing li

das Gepäck

bao

die Tasche

shuang jian bao

der Rucksack

ke ren

der Gast

fang jian

das Zimmer

shui dai

der Schlafsack

zhang peng

das Zelt

lü you xin xi

die Touristeninformation

hai tan

der Strand

xin yong ka

die Kreditkarte

zao can

das Frühstück

wu can

das Mittagessen

wan can

das Abendessen

piao

die Fahrkarte

dian ti

der Fahrstuhl

you piao

die Briefmarke

bian jie

die Grenze

hai guan

der Zoll

da shi guan

die Botschaft

qian zheng

das Visum

hu zhao

der Pass

jiao tong yun shu

der Transport

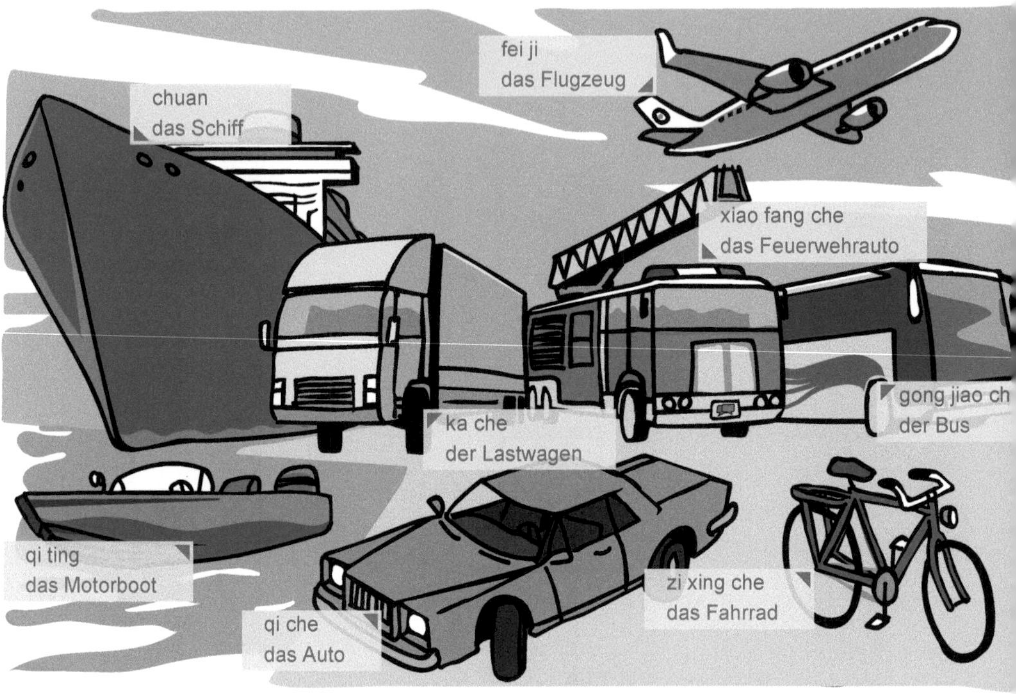

fei ji
das Flugzeug
chuan
das Schiff
xiao fang che
das Feuerwehrauto
gong jiao ch
der Bus
ka che
der Lastwagen
qi ting
das Motorboot
zi xing che
das Fahrrad
qi che
das Auto

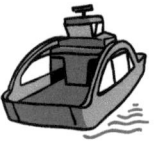

bai du chuan

die Fähre

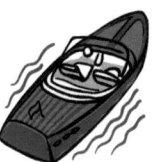

xiao chuan

das Boot

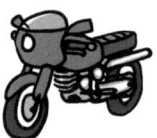

mo tuo che

das Motorrad

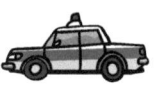

jing che

das Polizeiauto

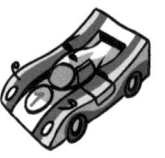

sai che

das Rennauto

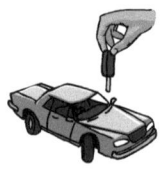

zu che

der Mietwagen

pin che

das Carsharing

tuo che

der Abschleppwagen

la ji che

das Müllauto

fa dong ji

der Motor

qi you

der Kraftstoff

jia you zhan

die Tankstelle

jiao tong biao zhi

das Verkehrsschild

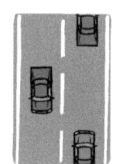

jiao tong

der Verkehr

jiao tong du sai

der Stau

ting che chang

der Parkplatz

huo che zhan

der Bahnhof

gui dao

die Schienen

huo che

der Zug

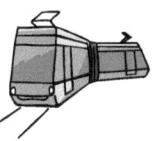

dian che

die Straßenbahn

huo che

der Wagon

zhi sheng ji

der Helikopter

ji chang

der Flughafen

ta

der Tower

cheng ke

der Passagier

ji zhuang xiang

der Container

zhi ban xiang

der Karton

shou tui che

der Karren

lan zi

der Korb

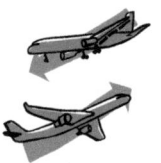

qi fei/jiang luo

starten / landen

cheng shi

die Stadt

cun zhuang

das Dorf

shi zhong xin

das Stadtzentrum

fang zi

das Haus

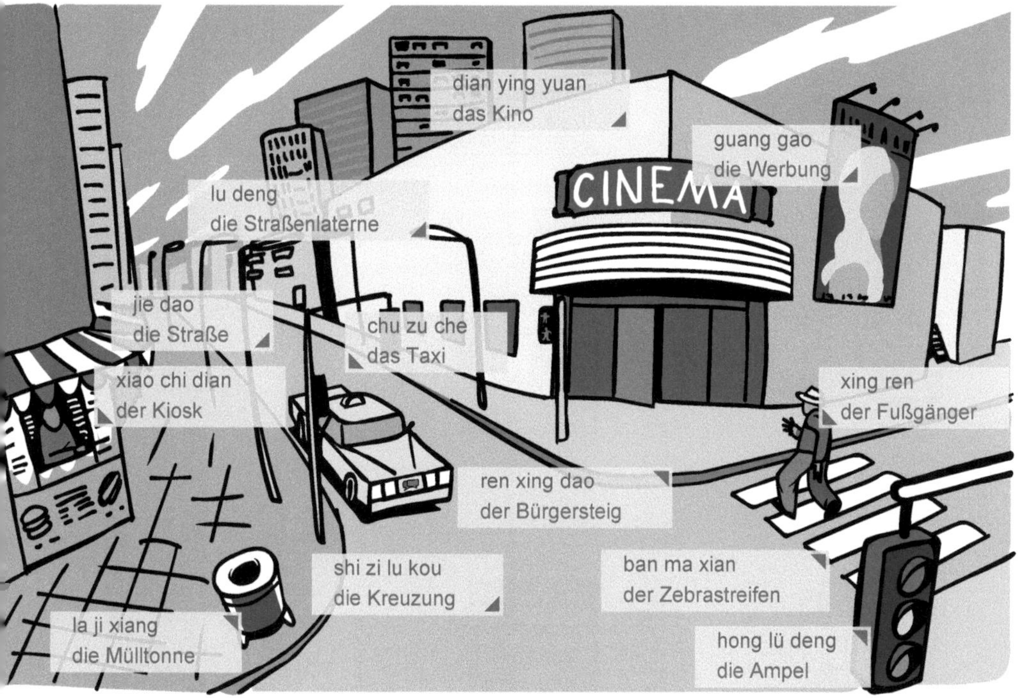

dian ying yuan
das Kino

guang gao
die Werbung

lu deng
die Straßenlaterne

jie dao
die Straße

chu zu che
das Taxi

xiao chi dian
der Kiosk

xing ren
der Fußgänger

ren xing dao
der Bürgersteig

shi zi lu kou
die Kreuzung

ban ma xian
der Zebrastreifen

la ji xiang
die Mülltonne

hong lü deng
die Ampel

xiao wu

die Hütte

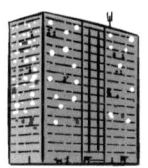

gong yu

die Wohnung

huo che zhan

der Bahnhof

shi zheng ting

das Rathaus

bo wu guan

das Museum

xue xiao

die Schule

cheng shi - die Stadt

da xue

die Universität

yin hang

die Bank

yi yuan

das Krankenhaus

jiu dian

das Hotel

yao fang

die Apotheke

ban gong shi

das Büro

shu dian

die Buchhandlung

shang dian

das Geschäft

hua dian

der Blumenladen

chao shi

der Supermarkt

shi chang

der Markt

bai huo shang dian

das Kaufhaus

yu dian

der Fischhändler

gou wu zhong xin

das Einkaufszentrum

hai gang

der Hafen

gong yuan

der Park

chang deng

die Bank

qiao

die Brücke

lou ti

die Treppe

di tie

die U-Bahn

sui dao

der Tunnel

gong jiao che zhan

die Bushaltestelle

jiu ba

die Bar

can guan

das Restaurant

you tong

der Briefkasten

lu biao

das Straßenschild

ting che ji shi qi

die Parkuhr

dong wu yuan

der Zoo

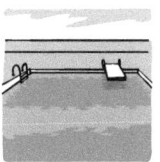

you yong guan

die Badeanstalt

qing zhen si

die Moschee

nong chang
....
der Bauernhof

wu ran
....
die Umweltverschmutzung

mu di
....
der Friedhof

jiao tang
....
die Kirche

cao chang
....
der Spielplatz

si miao
....
der Tempel

di xing
die Landschaft

shu ye
das Blatt

zhi shi pai
der Wegweiser

lu
der Weg

cao di
die Wiese

shi tou
der Stein

shu
der Baum

tu bu lü xing zhe
der Wanderer

he
der Fluss

cao
das Gras

hua
die Blume

xia gu

das Tal

shan

der Berg

hu

der See

sen lin

der Wald

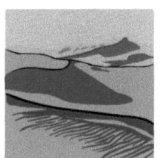

sha mo

die Wüste

huo shan

der Vulkan

cheng bao

das Schloss

cai hong

der Regenbogen

mo gu

der Pilz

zong lü shu

die Palme

wen zi

der Moskito

cang ying

die Fliege

ma yi

die Ameise

mi feng

die Biene

zhi zhu

die Spinne

jia chong

der Käfer

qing wa

der Frosch

song shu

das Eichhörnchen

ci wei

der Igel

ye tu

der Hase

mao tou ying

die Eule

niao

die Vogel

tian e

der Schwan

ye zhu

das Wildschwein

lu

der Hirsch

mi lu

der Elch

shui ba

der Staudamm

feng li fa dian ji

das Windrad

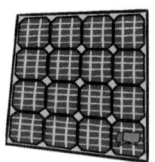

tai yang neng dian chi ban

das Solarmodul

qi hou

das Klima

can guan
das Restaurant

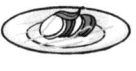

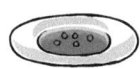

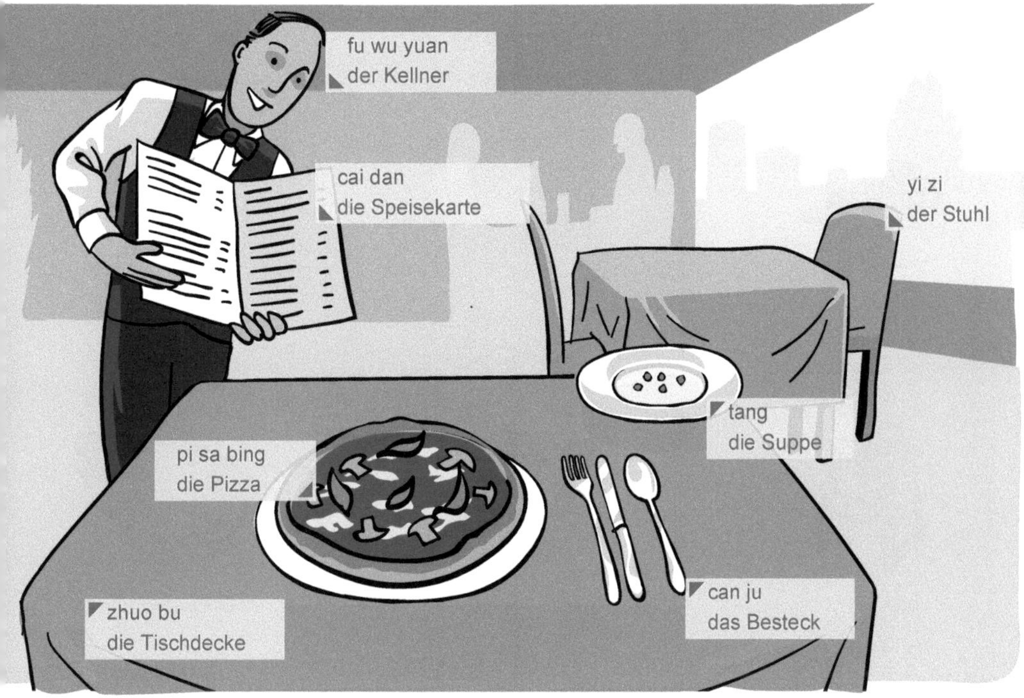
fu wu yuan
der Kellner
cai dan
die Speisekarte
yi zi
der Stuhl
tang
die Suppe
pi sa bing
die Pizza
zhuo bu
die Tischdecke
can ju
das Besteck

qian cai

die Vorspeise

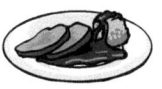

zhu cai

das Hauptgericht

tian dian

die Nachspeise

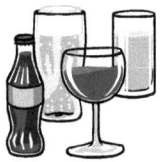

yin liao

die Getränke

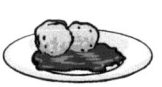

shi wu

das Essen

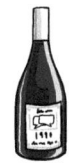

ping zi

die Flasche

kuai can

das Fastfood

jie bian xiao chi

das Streetfood

cha hu

die Teekanne

tang he

die Zuckerdose

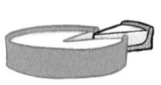

yi fen fan cai

die Portion

yi shi ka fei ji

die Espressomaschine

gao jiao yi

der Hochstuhl

zhang dan

die Rechnung

tuo pan

das Tablett

dao

das Messer

can cha

die Gabel

shao zi

der Löffel

cha chi

der Teelöffel

can jin

die Serviette

bo li bei

das Glas

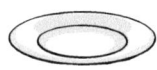

die zi

der Teller

tang pan

der Suppenteller

die zi

die Untertasse

jiang

die Sauce

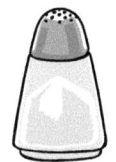

yan ping

der Salzstreuer

hu jiao mo

die Pfeffermühle

cu

der Essig

shi yong you

das Öl

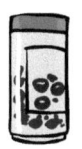

tiao wei liao

die Gewürze

fan qie jiang

das Ketchup

jie mo

der Senf

dan huang jiang

die Mayonnaise

chao shi

der Supermarkt

te jia
das Angebot
FOR
gu ke
der Kunde
ru zhi pin
die Milchprodukte
shui guo
das Obst
gou wu che
der Einkaufswagen

BUTCHERS

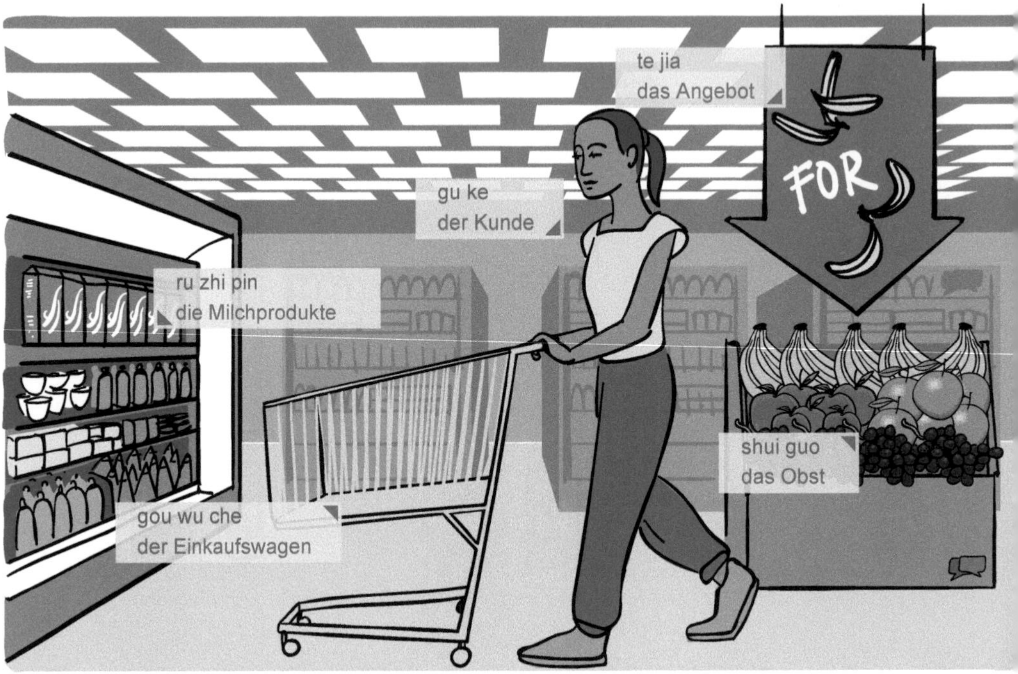

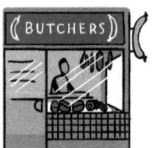

rou pu

die Schlachterei

BAKERY

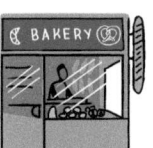

mian bao fang

die Bäckerei

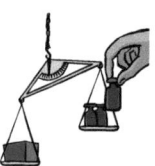

cheng zhong

wiegen

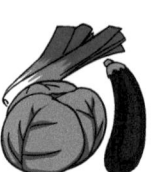

shu cai

das Gemüse

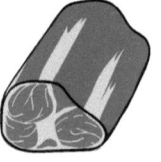

rou

das Fleisch

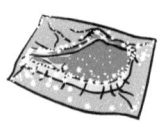

leng dong shi pin

die Tiefkühlkost

leng pan

der Aufschnitt

guan tou shi pin

die Konserven

xi yi fen

das Waschmittel

tian shi

die Süßigkeiten

ri yong pin

die Haushaltsartikel

qing jie yong pin

das Reinigungsmittel

xiao shou yuan

die Verkäuferin

shou yin ji

die Kasse

shou yin yuan

der Kassierer

gou wu qing dan

die Einkaufsliste

kai fang shi jian

die Öffnungszeiten

qian bao

die Brieftasche

xin yong ka

die Kreditkarte

dai zi

die Tasche

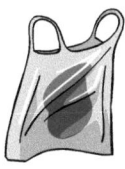

su liao dai

die Plastiktüte

yin liao
die Getränke

shui

das Wasser

guo zhi

der Saft

niu nai

die Milch

ke le

die Cola

hong jiu

der Wein

pi jiu

das Bier

jiu

der Alkohol

ke ke

der Kakao

cha

der Tee

ka fei

der Kaffee

yi shi nong suo ka fei

der Espresso

ka bu qi nuo

der Cappuccino

xiang jiao

die Banane

ping guo

der Apfel

cheng zi

die Orange

xi gua

die Melone

ning meng

die Zitrone

hu luo bo

die Karotte

da suan

der Knoblauch

zhu zi

der Bambus

yang cong

die Zwiebel

mo gu

der Pilz

jian guo

die Nüsse

mian tiao

die Nudeln

yi da li mian tiao

die Spaghetti

mi fan

der Reis

sha la

der Salat

shu tiao

die Pommes frites

zha tu dou

die Bratkartoffeln

pi sa bing

die Pizza

han bao bao

der Hamburger

san ming zhi

das Sandwich

zha zhu pai

das Schnitzel

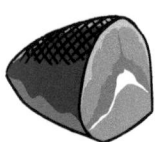

huo tui

der Schinken

sa la mi

die Salami

xiang chang

die Wurst

ji rou

das Huhn

kao rou

der Braten

yu

der Fisch

yan mai pian

die Haferflocken

mu zi li

das Müsli

yu mi pian

die Cornflakes

mian fen

das Mehl

yang jiao mian bao

das Croissant

mian bao juan

das Brötchen

mian bao

das Brot

kao mian bao

der Toast

bing gan

die Kekse

huang you

die Butter

ning ru

der Quark

dan gao

der Kuchen

dan

das Ei

jian dan

das Spiegelei

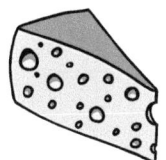

nai lao

der Käse

bing ji lin

die Eiscreme

tang

der Zucker

feng mi

der Honig

guo jiang

die Marmelade

qiao ke li jiang

die Nougat-Creme

ga li fan

das Curry

nong chang
der Bauernhof

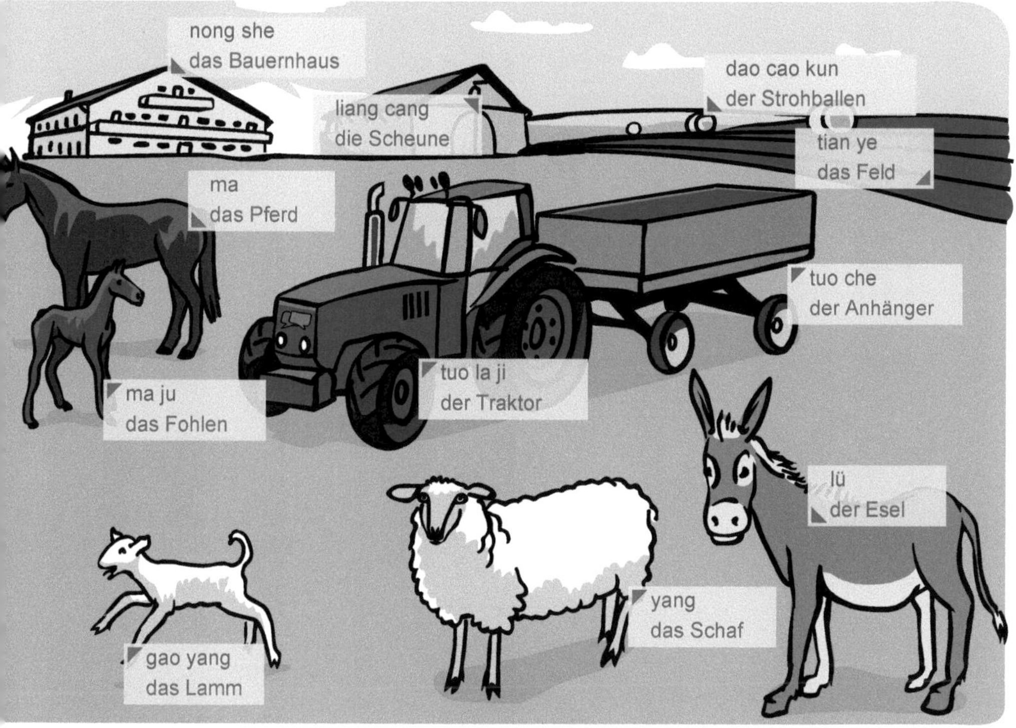
nong she
das Bauernhaus
liang cang
die Scheune
dao cao kun
der Strohballen
tian ye
das Feld
ma
das Pferd
tuo che
der Anhänger
tuo la ji
der Traktor
ma ju
das Fohlen
lü
der Esel
yang
das Schaf
gao yang
das Lamm

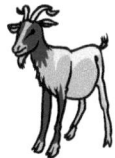

shan yang

die Ziege

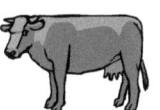

nai niu

die Kuh

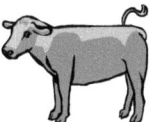

niu du

das Kalb

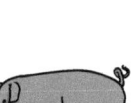

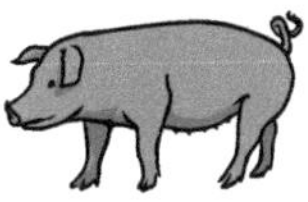

zhu

das Schwein

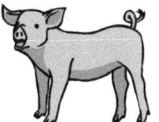

xiao zhu

das Ferkel

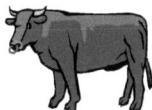

gong niu

der Bulle

e
die Gans

ya
die Ente

xiao ji
das Küken

mu ji
das Huhn

gong ji
der Hahn

shu
die Ratte

mao
die Katze

lao shu
die Maus

niu
der Ochse

gou
der Hund

gou wu
die Hundehütte

hua yuan jiao shui ruan
guan
der Gartenschlauch

sa shui hu
die Gießkanne

chang bing da lian dao
die Sense

li
der Pflug

lian dao

die Sichel

chu tou

die Hacke

chang bing cao pa

die Mistgabel

fu tou

die Axt

du lun shou tui che

die Schubkarre

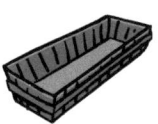

si liao cao

der Trog

niu nai guan

die Milchkanne

ma bu dai

der Sack

zha lan

der Zaun

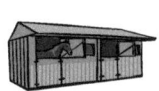

ma jiu

der Stall

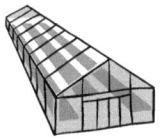

wen shi

das Treibhaus

tu rang

der Boden

zhong zi

die Saat

fei liao

der Dünger

lian he shou ge ji

der Mähdrescher

shou ge

ernten

shou ge

die Ernte

shan yao

die Yamswurzel

xiao mai

der Weizen

da dou

das Soja

tu dou

die Kartoffel

yu mi

der Mais

you cai zi

der Raps

guo shu

der Obstbaum

shu shu

der Maniok

gu wu

das Getreide

fang zi
das Haus

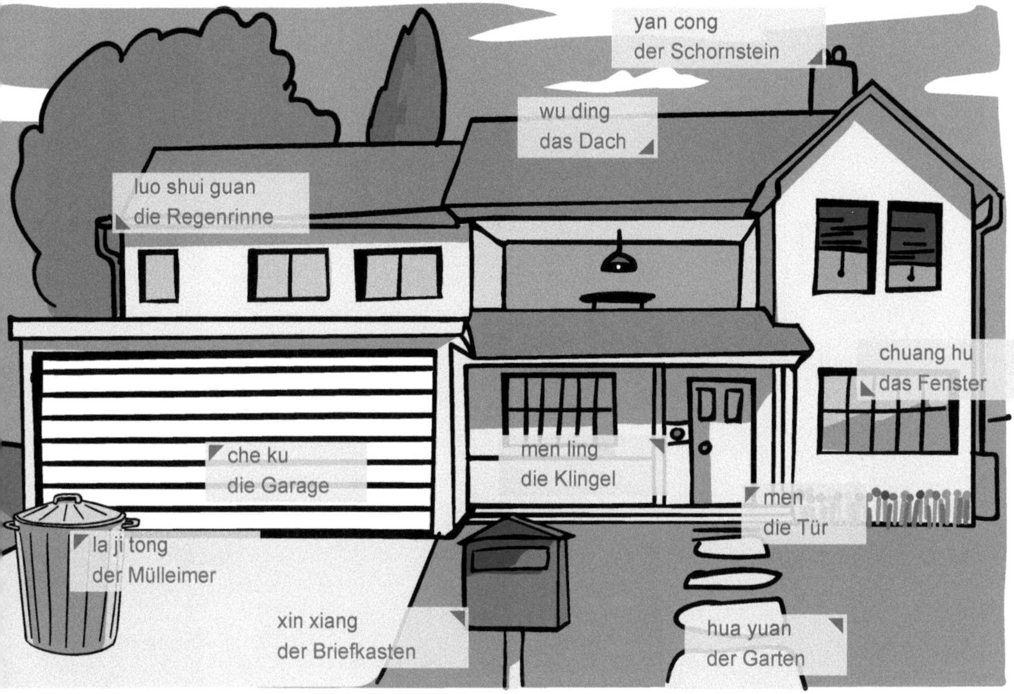

yan cong
der Schornstein
wu ding
das Dach
luo shui guan
die Regenrinne
chuang hu
das Fenster
che ku
die Garage
men ling
die Klingel
men
die Tür
la ji tong
der Mülleimer
xin xiang
der Briefkasten
hua yuan
der Garten

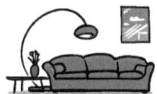

ke ting

das Wohnzimmer

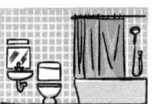

yu shi

das Badezimmer

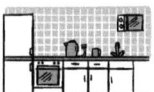

chu fang

die Küche

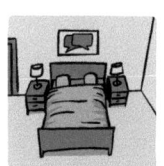

wo shi

das Schlafzimmer

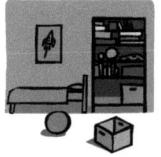

er tong fang

das Kinderzimmer

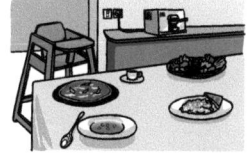

can ting

das Esszimmer

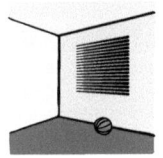

di ban

der Boden

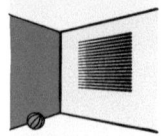

qiang bi

die Wand

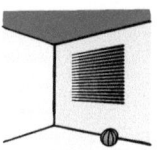

diao ding

die Decke

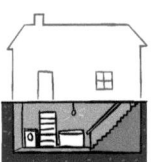

di jiao

der Keller

sang na

die Sauna

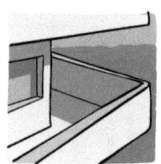

yang tai

der Balkon

lu tai

die Terrasse

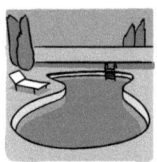

you yong chi

das Schwimmbad

ge cao ji

der Rasenmäher

bei dan

der Bettbezug

chuang zhao

die Bettdecke

chuang

das Bett

sao zhou

der Besen

shui tong

der Eimer

kai guan

der Schalter

ke ting

das Wohnzimmer

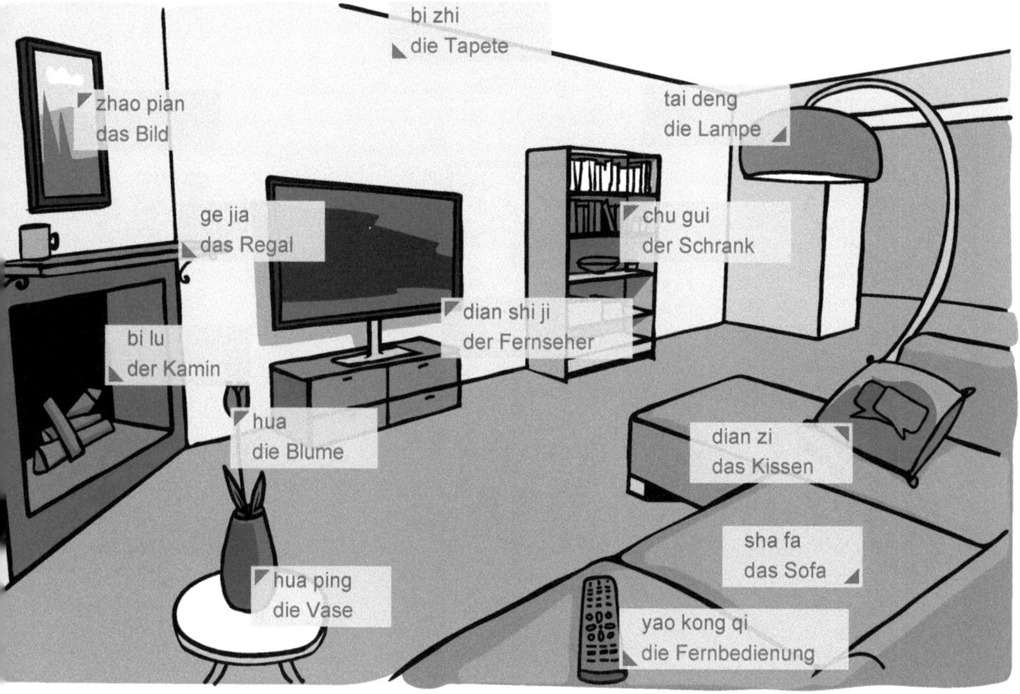
bi zhi
die Tapete
zhao pian
das Bild
tai deng
die Lampe
ge jia
das Regal
chu gui
der Schrank
dian shi ji
der Fernseher
bi lu
der Kamin
hua
die Blume
dian zi
das Kissen
sha fa
das Sofa
hua ping
die Vase
yao kong qi
die Fernbedienung

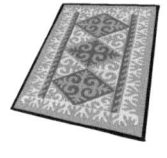

di tan

der Teppich

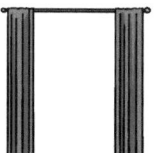

chuang lian

der Vorhang

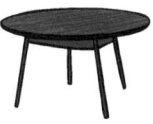

can zhuo

der Tisch

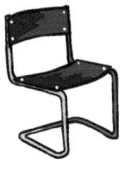

yi zi

der Stuhl

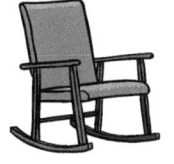

yao yi

der Schaukelstuhl

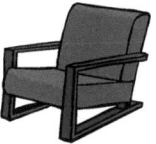

fu shou yi

der Sessel

shu

das Buch

tan zi

die Decke

zhuang shi pin

die Dekoration

mu chai

das Feuerholz

dian ying

der Film

gao bao zhen yin xiang

die Stereoanlage

yao shi

der Schlüssel

bao zhi

die Zeitung

you hua

das Gemälde

hai bao

das Poster

shou yin ji

das Radio

bi ji ben

der Notizblock

xi chen qi

der Staubsauger

xian ren zhang

der Kaktus

la zhu

die Kerze

ke ting - das Wohnzimmer

chu fang
die Küche

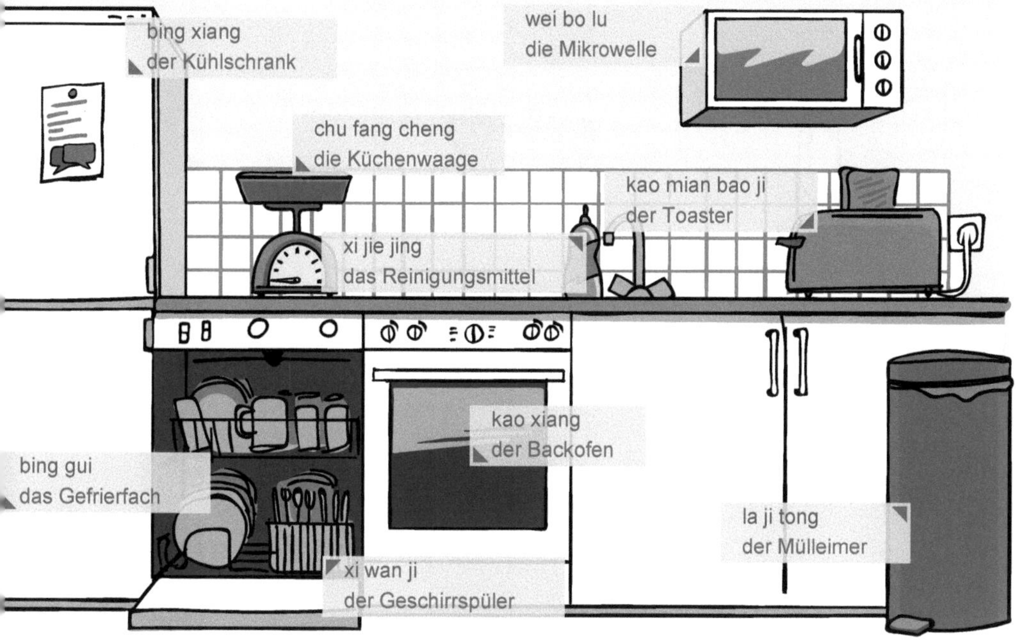
bing xiang
der Kühlschrank
wei bo lu
die Mikrowelle
chu fang cheng
die Küchenwaage
kao mian bao ji
der Toaster
xi jie jing
das Reinigungsmittel
kao xiang
der Backofen
bing gui
das Gefrierfach
la ji tong
der Mülleimer
xi wan ji
der Geschirrspüler

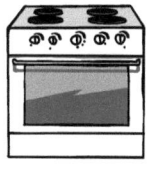

chui ju

der Herd

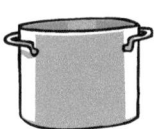

guo

der Topf

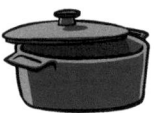

zhu tie guo

der Eisentopf

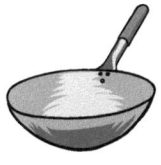

sha guo

der Wok / Kadai

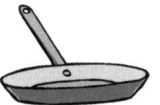

ping di guo

die Pfanne

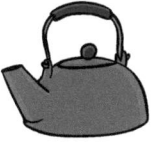

shui hu

der Wasserkocher

zheng guo

der Dampfgarer

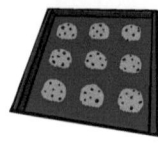

kao pan

das Backblech

tao ci guo

das Geschirr

ma ke bei

der Becher

wan

die Schale

kuai zi

die Essstäbchen

chang bing shao

die Suppenkelle

chan zi

der Pfannenwender

jiao ban qi

der Schneebesen

lü wang

das Kochsieb

shai zi

das Sieb

mo sui ji

die Reibe

yan bo

der Mörser

shao kao

der Grill

ming huo

die Feuerstelle

cai ban

das Schneidebrett

gan mian zhang

das Nudelholz

kai ping qi

der Korkenzieher

guan zi

die Dose

kai ping qi

der Dosenöffner

ge re shou tao

der Topflappen

shui cao

das Waschbecken

shua zi

die Bürste

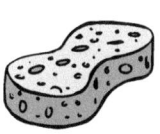

hai mian

der Schwamm

jiao ban ji

der Mixer

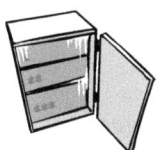

leng cang xiang

die Gefriertruhe

nai ping

die Babyflasche

shui long tou

der Wasserhahn

yu shi

das Badezimmer

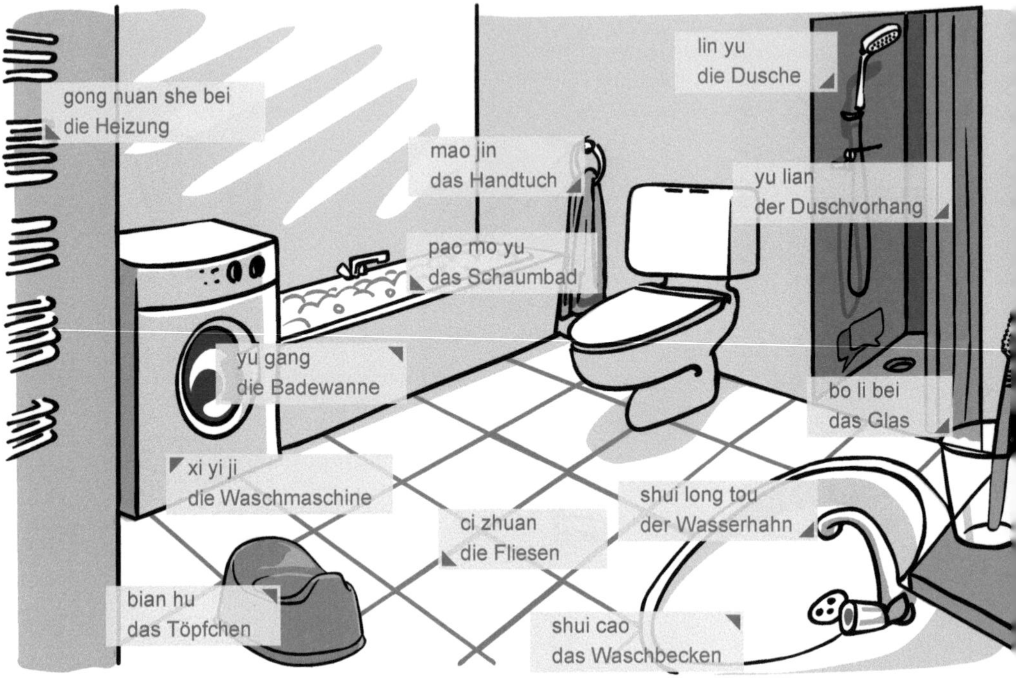

lin yu
die Dusche
gong nuan she bei
die Heizung
mao jin
das Handtuch
yu lian
der Duschvorhang
pao mo yu
das Schaumbad
yu gang
die Badewanne
bo li bei
das Glas
xi yi ji
die Waschmaschine
shui long tou
der Wasserhahn
ci zhuan
die Fliesen
bian hu
das Töpfchen
shui cao
das Waschbecken

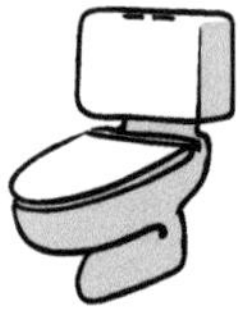

ce suo

die Toilette

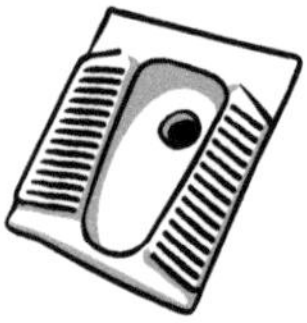

dun bian qi

die Hocktoilette

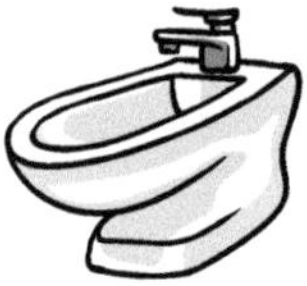

zuo yu qi

das Bidet

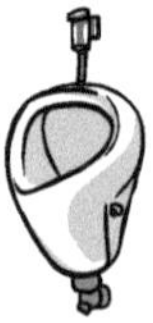

xiao bian chi

das Pissoir

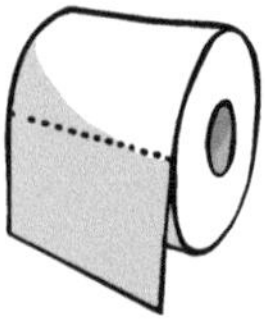

ce zhi

das Toilettenpapier

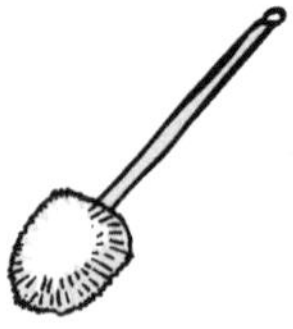

ma tong shua

die Toilettenbürste

ya shua

die Zahnbürste

ya gao

die Zahnpasta

ya xian

die Zahnseide

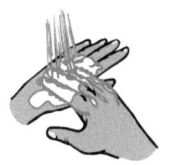

xi

waschen

shou chi shi pen lin tou

die Handbrause

chong xi qi

die Intimdusche

xi lian pen

die Waschschüssel

ca bei shua

die Rückenbürste

fei zao

die Seife

mu yu lu

das Duschgel

xi fa shui

das Shampoo

fa lan rong

der Waschlappen

pai shui

der Abfluss

ru shuang

die Creme

chu chou ji

das Deodorant

jing zi

der Spiegel

shou jing

der Kosmetikspiegel

ti xu dao

der Rasierer

ti xu pao mo

der Rasierschaum

xu hou shui

das Rasierwasser

shu zi

der Kamm

shua zi

die Bürste

chui feng ji

der Föhn

pen fa ding xing ji

das Haarspray

hua zhuang pin

das Makeup

chun gao

der Lippenstift

zhi jia you

der Nagellack

hua zhuang mian

die Watte

zhi jia jian

die Nagelschere

xiang shui

das Parfum

xi shu bao

der Kulturbeutel

deng zi

der Hocker

ji zhong cheng

die Waage

yu pao

der Bademantel

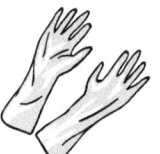

xiang jiao shou tao

die Gummihandschuhe

wei sheng mian tiao

das Tampon

wei sheng jin

die Damenbinde

hua xue ce suo

die Chemietoilette

er tong fang
das Kinderzimmer

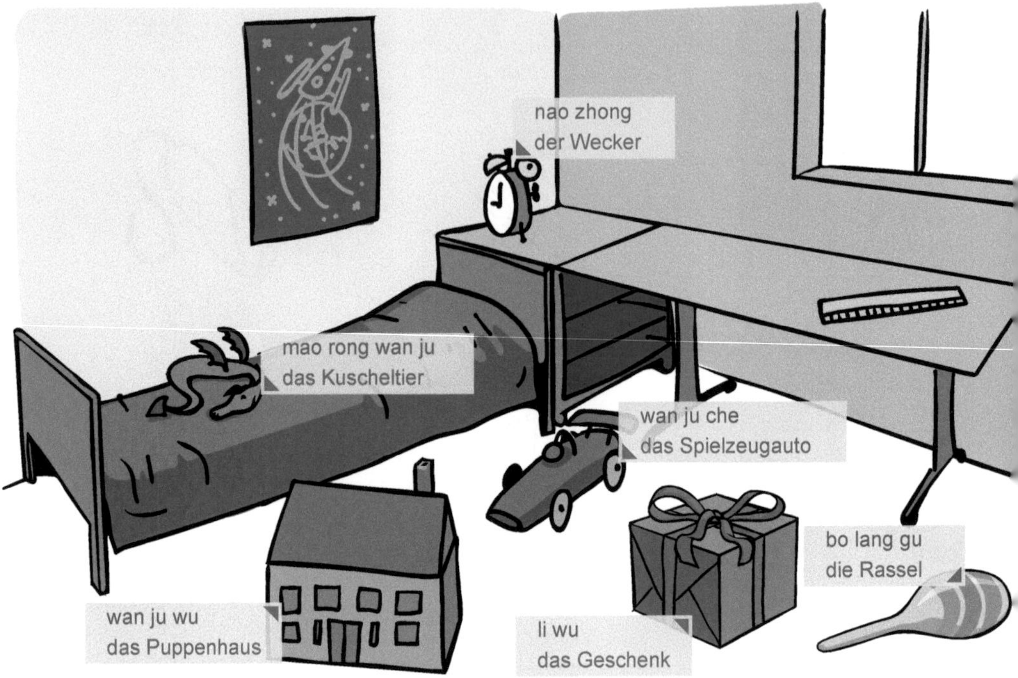
nao zhong
der Wecker
mao rong wan ju
das Kuscheltier
wan ju che
das Spielzeugauto
bo lang gu
die Rassel
wan ju wu
das Puppenhaus
li wu
das Geschenk

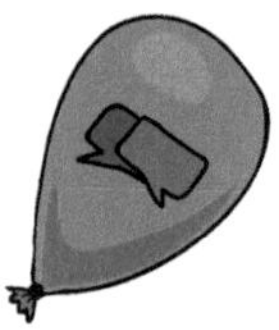

qi qiu

der Ballon

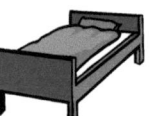

chuang

das Bett

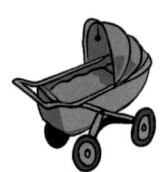

(yang wa wa yong)ying er che

der Kinderwagen

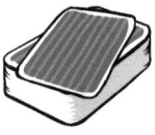

pu ke pai

das Kartenspiel

pin tu

das Puzzle

SUPER MEGA

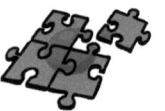

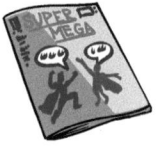

man hua

der Comic

le gao ji mu

die Legosteine

ji mu wan ju

die Bausteine

wan ju ren

die Action Figur

ying er fu

der Strampelanzug

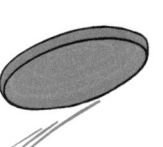

fei pan

das Frisbee

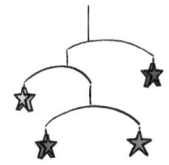

chuang ling wan ju

das Mobile

qi pan you xi

das Brettspiel

shai zi

der Würfel

huo che mo xing

die Modelleisenbahn

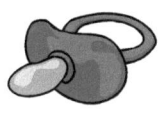

an fu nai zui

der Schnuller

ju hui

die Party

hui ben

das Bilderbuch

qiu

der Ball

yang wa wa

die Puppe

wan

spielen

sha keng

der Sandkasten

qiu qian

die Schaukel

wan ju

das Spielzeug

you xi ji

die Spielkonsole

san lun che

das Dreirad

tai di xiong

der Teddy

yi chu

der Kleiderschrank

yi fu
die Kleidung

wa zi

die Socken

chang wa

die Strümpfe

jin shen ku

die Strumpfhose

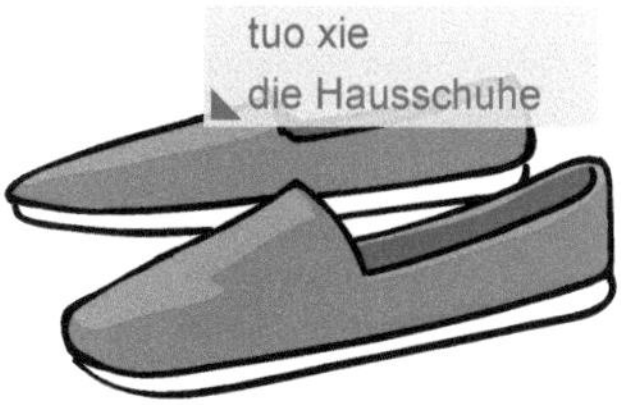

wei jin
der Schal

yu san
der Regenschirm

T xu
das T-Shirt

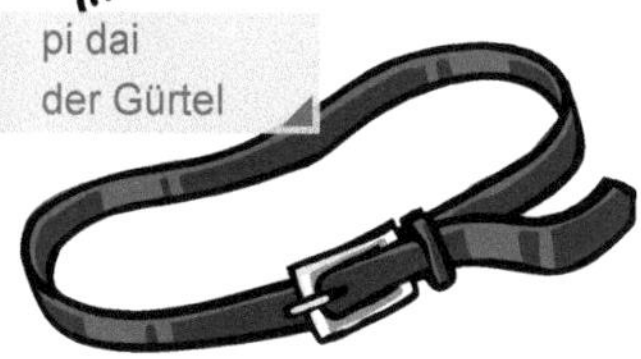

pi dai
der Gürtel

xue zi
der Stiefel

tuo xie
die Hausschuhe

yun dong xie
die Turnschuhe

liang xie
die Sandalen

xie
die Schuhe

yu xue
die Gummistiefel

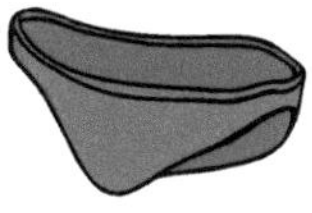

nei ku
die Unterhose

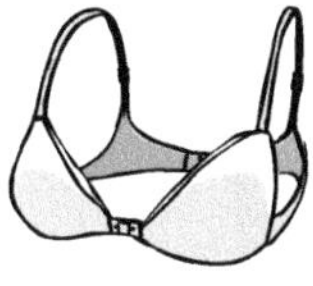

xiong zhao
der Büstenhalter

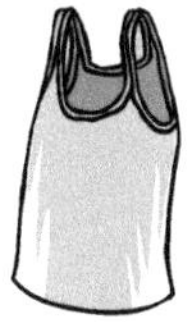

bei xin
das Unterhemd

shen ti

der Body

ku zi

die Hose

niu zai ku

die Jeans

duan qun

der Rock

nü shi chen shan

die Bluse

chen shan

das Hemd

tao tou shan

der Pullover

wei yi

der Kapuzenpullover

xi zhuang jia ke

der Blazer

jia ke

die Jacke

wai tao

der Mantel

yu yi

der Regenmantel

tao zhuang

das Kostüm

lian yi qun

das Kleid

hun sha

das Hochzeitskleid

xi zhuang

der Anzug

shui pao

das Nachthemd

shui yi

der Schlafanzug

sha li

der Sari

tou jin

das Kopftuch

bao tou jin

der Turban

bo ka

die Burka

ka fu tan

der Kaftan

(a la bo shi)chang pao

die Abaya

yong yi

der Badeanzug

nan shi yong ku

die Badehose

duan ku

die kurze Hose

yun dong fu

der Trainingsanzug

wei qun

die Schürze

shou tao

die Handschuhe

niu kou

der Knopf

yan jing

die Brille

shou lian

das Armband

xiang lian

die Halskette

jie zhi

der Ring

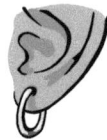

er huan

der Ohrring

bian mao

die Mütze

yi jia

der Kleiderbügel

mao zi

der Hut

ling dai

die Krawatte

la lian

der Reißverschluss

tou kui

der Helm

bei dai

der Hosenträger

xiao fu

die Schuluniform

zhi fu

die Uniform

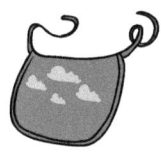

wei dou

das Lätzchen

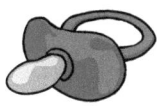

an fu nai zui

der Schnuller

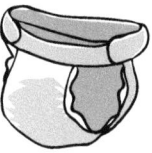

niao bu shi

die Windel

ban gong shi
das Büro

fu wu qi
der Server
wen jian gui
der Aktenschrank
hi
as Papier
da yin ji
der Drucker
xian shi ping
der Monitor
shu biao
die Maus
ban gong zhuo
der Schreibtisch
wen jian jia
der Ordner
jian pan
die Tastatur
fei zhi kuang
der Papierkorb
dian nao
der Computer
yi zi
der Stuhl

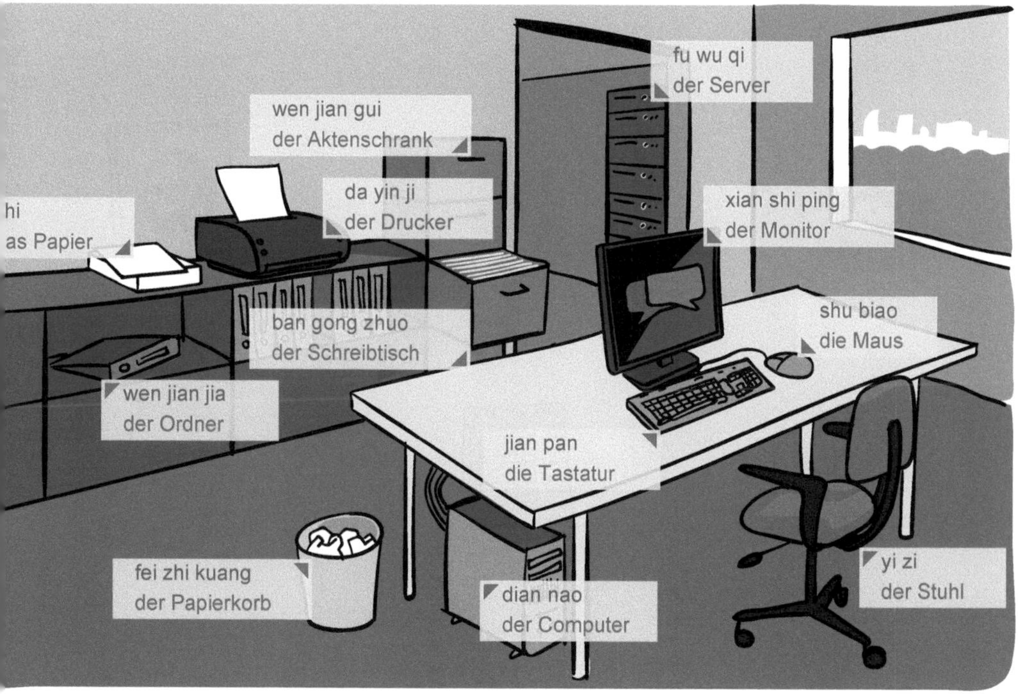

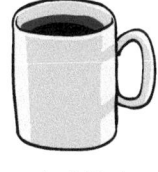

ka fei bei

der Kaffeebecher

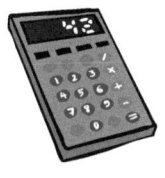

ji suan qi

der Taschenrechner

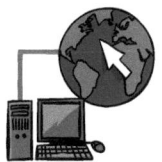

yin te wang

das Internet

bi ji ben dian nao

der Laptop

xin jian

der Brief

xiao xi

die Nachricht

shou ji

das Handy

wang luo

das Netzwerk

fu yin ji

der Kopierer

ruan jian

die Software

dian hua

das Telefon

cha zuo

die Steckdose

chuan zhen ji

das Fax

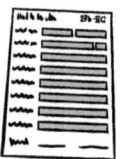

biao ge

das Formular

wen jian

das Dokument

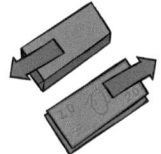

mai

kaufen

fu qian

bezahlen

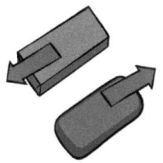

jiao yi

handeln

xian jin

das Geld

mei yuan

der Dollar

ou yuan

der Euro

ri yuan

der Yen

lu bu

der Rubel

rui shi fa lang

der Franken

ren min bi

der Renminbi Yuan

lu bi

die Rupie

ti kuan chu

der Geldautomat

wai bi dui huan chu

die Wechselstube

jin

das Gold

yin

das Silber

shi you

das Öl

neng yuan

die Energie

jia ge

der Preis

he tong

der Vertrag

shui jin

die Steuer

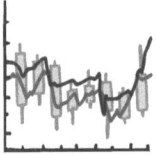

gu piao

die Aktie

gong zuo

arbeiten

zhi yuan

der Angestellte

lao ban

der Arbeitgeber

gong chang

die Fabrik

shang dian

das Geschäft

zhi ye
die Berufe

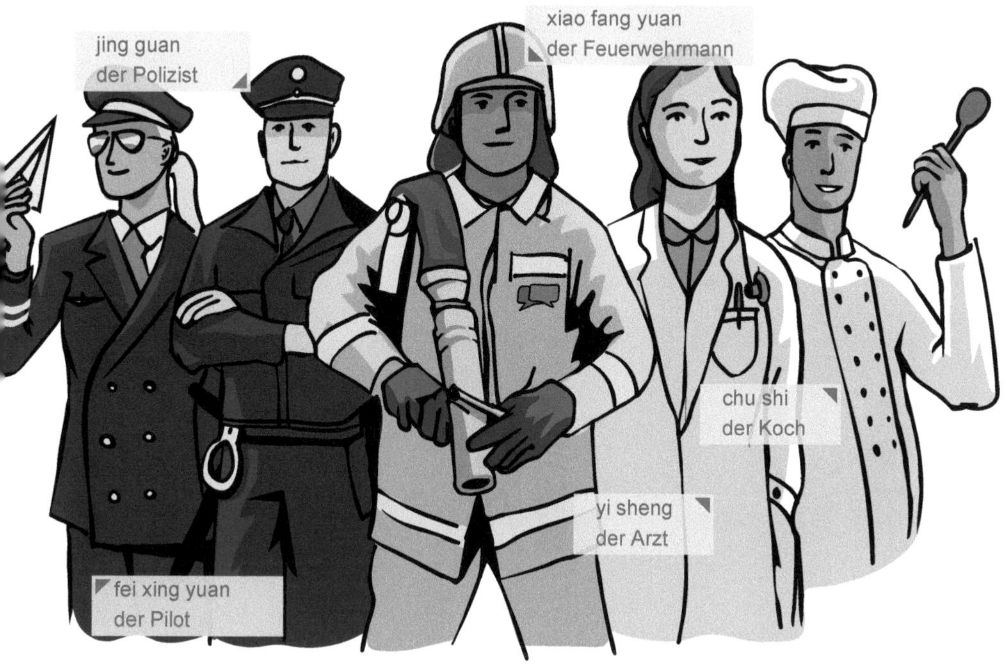
jing guan
der Polizist
xiao fang yuan
der Feuerwehrmann
chu shi
der Koch
yi sheng
der Arzt
fei xing yuan
der Pilot

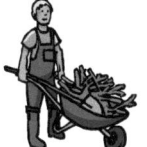

yuan ding

der Gärtner

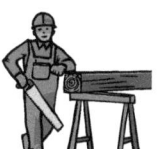

mu jiang

der Tischler

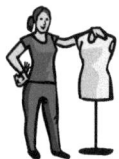

cai feng

die Näherin

fa guan

der Richter

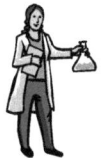

hua xue jia

der Chemiker

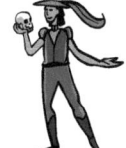

yan yuan

der Schauspieler

gong jiao che si ji

der Busfahrer

chu zu che si ji

der Taxifahrer

yu fu

der Fischer

qing jie nü gong

die Putzfrau

wu ding gong

der Dachdecker

fu wu yuan

der Kellner

lie ren

der Jäger

hua jia

der Maler

mian bao shi

der Bäcker

dian gong

der Elektriker

jian zhu gong ren

der Bauarbeiter

gong cheng shi

der Ingenieur

tu fu

der Schlachter

shui guan gong

der Klempner

you di yuan

der Postbote

shi bing

der Soldat

jian zhu shi

der Architekt

shou yin yuan

der Kassierer

hua nong

der Florist

li fa shi

der Friseur

shou piao yuan

der Schaffner

ji xie shi

der Mechaniker

chuan zhang

der Kapitän

ya yi

der Zahnarzt

ke xue jia

der Wissenschaftler

la bi

der Rabbi

yi ma mu

der Imam

he shang

der Mönch

mu shi

der Geistliche

zhi ye - die Berufe

gong ju
die Werkzeuge

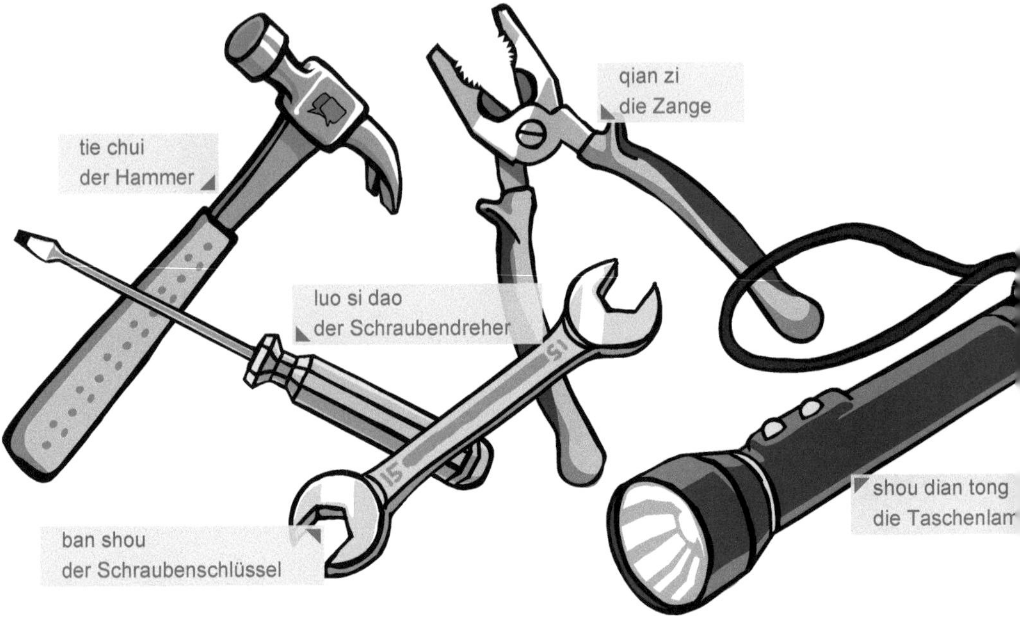
qian zi
die Zange
tie chui
der Hammer
luo si dao
der Schraubendreher
shou dian tong
die Taschenlam
ban shou
der Schraubenschlüssel

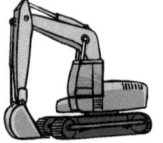

wa jue ji

der Bagger

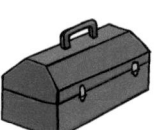

gong ju xiang

der Werkzeugkasten

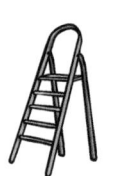

ti zi

die Leiter

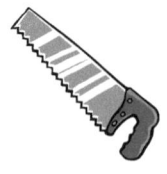

ju zi

die Säge

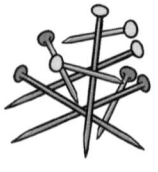

ding zi

die Nägel

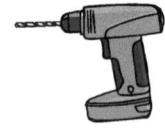

zuan ji

der Bohrer

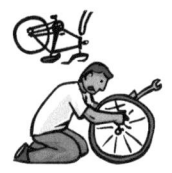

xiu

reparieren

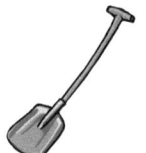

chan zi

die Schaufel

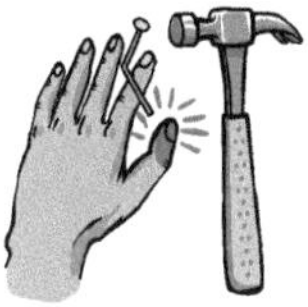

kao!

Mist!

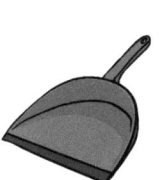

bo ji

das Kehrblech

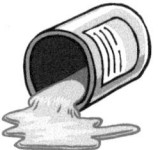

you qi tong

der Farbtopf

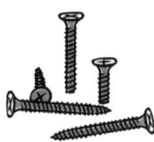

luo si

die Schrauben

yue qi

die Musikinstrumente

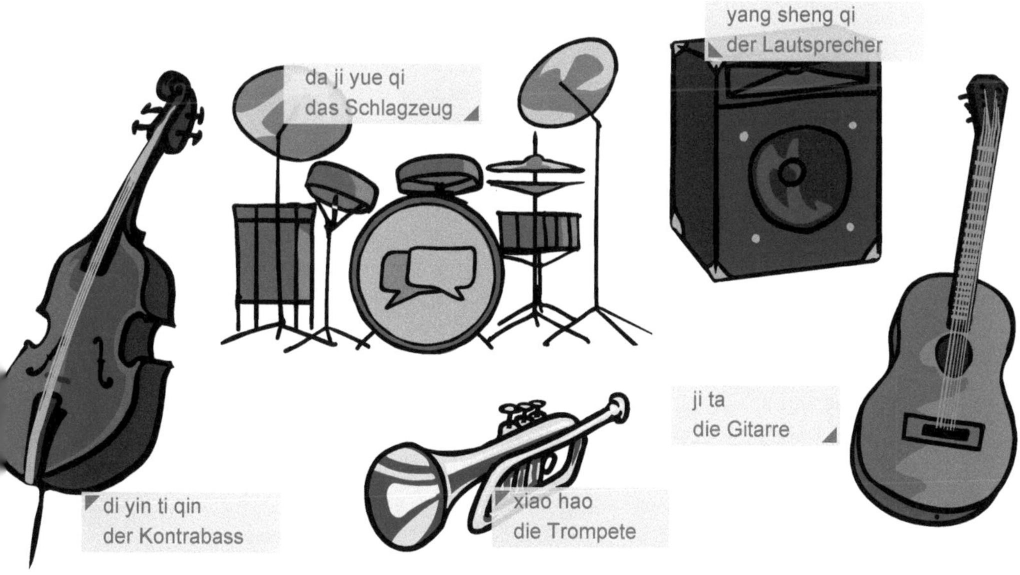
yang sheng qi
der Lautsprecher
da ji yue qi
das Schlagzeug
ji ta
die Gitarre
di yin ti qin
der Kontrabass
xiao hao
die Trompete

gang qin

das Klavier

xiao ti qin

die Violine

bei si

der Bass

ding yin gu

die Pauke

gu

die Trommeln

dian zi qin

das Keyboard

sa ke si guan

das Saxophon

chang di

die Flöte

mai ke feng

das Mikrofon

yue qi - die Musikinstrumente

dong wu yuan
der Zoo

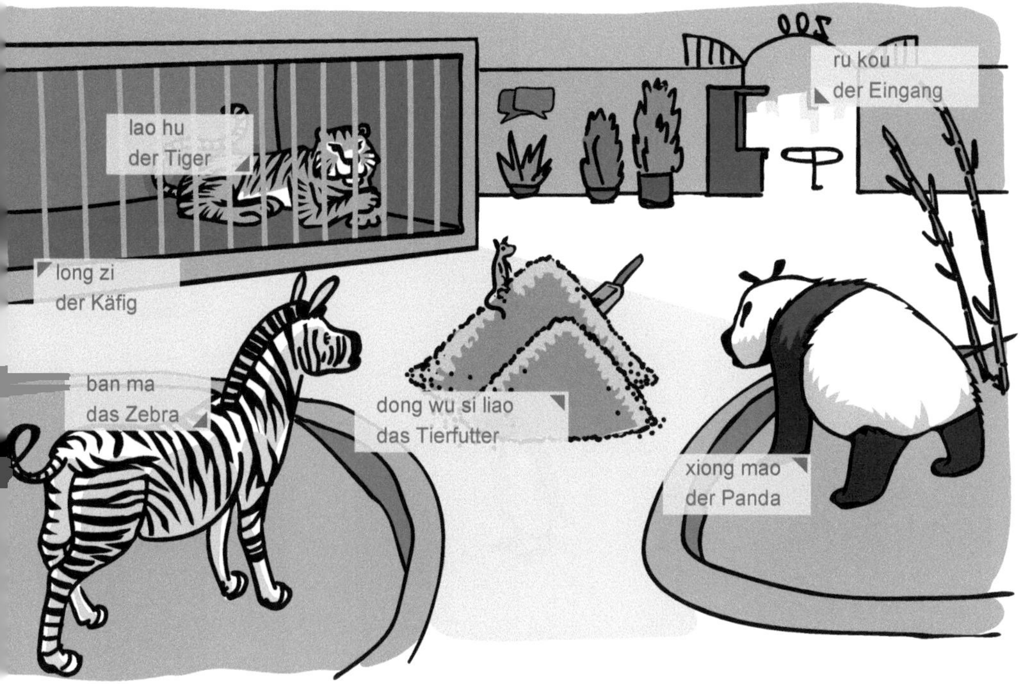

ru kou
der Eingang
lao hu
der Tiger
long zi
der Käfig
ban ma
das Zebra
dong wu si liao
das Tierfutter
xiong mao
der Panda

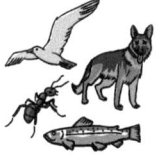

dong wu

die Tiere

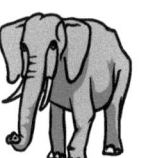

da xiang

der Elefant

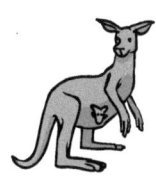

dai shu

das Känguruh

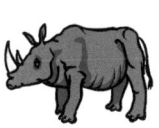

xi niu

das Nashorn

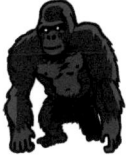

da xing xing

der Gorilla

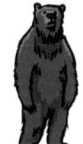

xiong

der Bär

luo tuo

das Kamel

tuo niao

der Strauß

shi zi

der Löwe

hou zi

der Affe

huo lie niao

der Flamingo

ying wu

der Papagei

bei ji xiong

der Eisbär

qi e

der Pinguin

sha yu

der Hai

kong que

der Pfau

she

die Schlange

e yu

das Krokodil

dong wu yuan guan li yuan

der Zoowärter

hai bao

die Robbe

mei zhou bao

der Jaguar

ai zhong ma

das Pony

bao

der Leopard

he ma

das Nilpferd

chang jing lu

die Giraffe

lao ying

der Adler

ye zhu

das Wildschwein

yu

der Fisch

gui

die Schildkröte

hai xiang

das Walross

hu li

der Fuchs

ling yang

die Gazelle

gan lan qiu
das American Football

qi zi xing che
das Radfahren

wang qiu
das Tennis

lan qiu
der Basketball

you yong
das Schwimmen

quan ji
das Boxen

bing qiu
das Eishockey

ying shi zu qiu

der Fußball

yu mao qiu

das Badminton

tian jing

die Leichtathletik

shou qiu

der Handball

hua xue

das Skilaufen

ma qiu

das Polo

huo dong
die Aktivitäten

xiao
lachen
tiao
springen
yong bao
umarmen
zou lu
gehen
chang
singen
zuo meng
träumen
qi dao
beten
qin wen
küssen

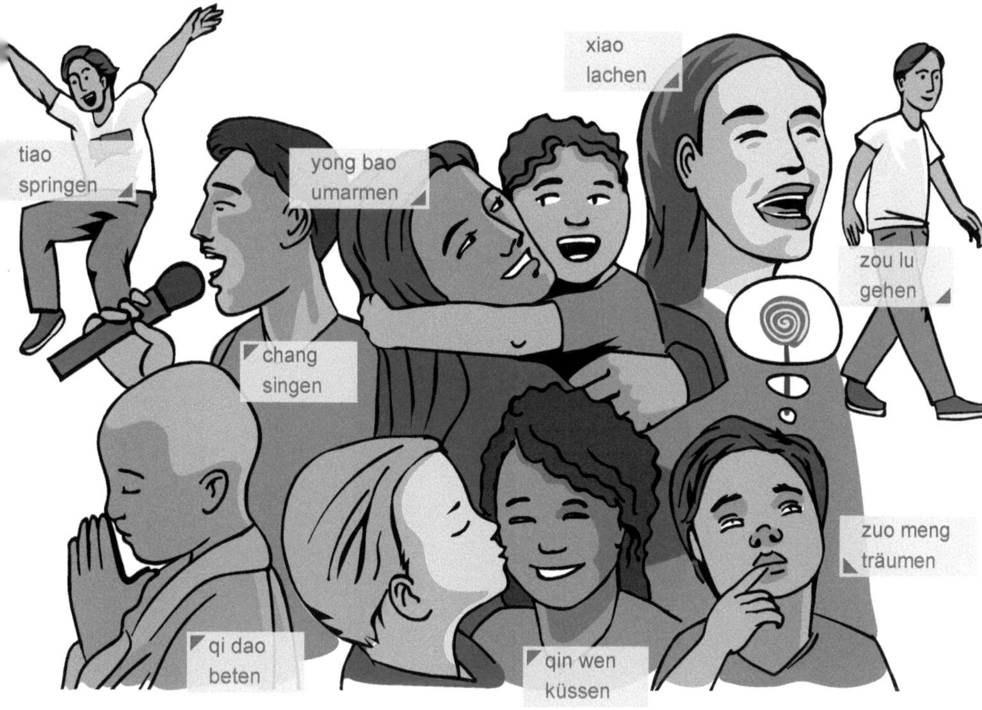

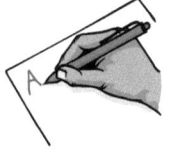

shu xie
schreiben

hua
zeichnen

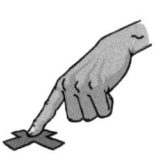

zhan shi
zeigen

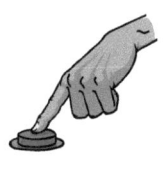

tui
drücken

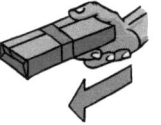

gei
geben

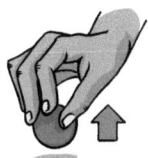

na
nehmen

you
haben

zuo
tun

dang
sein

zhan
stehen

pao
laufen

la
ziehen

reng
werfen

shuai dao
fallen

tang
liegen

deng dai
warten

xie dai
tragen

zuo
sitzen

chuan yi
anziehen

shui jiao
schlafen

xing lai
aufwachen

kan

ansehen

ku

weinen

fu mo

streicheln

shu tou

kämmen

jiao tan

reden

ming bai

verstehen

wen

fragen

ting

hören

he

trinken

chi

essen

qing li

aufräumen

ai

lieben

zuo fan

kochen

kai che

fahren

fei

fliegen

hang xing

segeln

ji suan

rechnen

du

lesen

xue xi

lernen

gong zuo

arbeiten

jie hun

heiraten

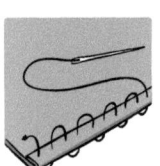

feng

nähen

shua ya

Zähne putzen

sha

töten

chou yan

rauchen

ji

senden

jia

die Familie

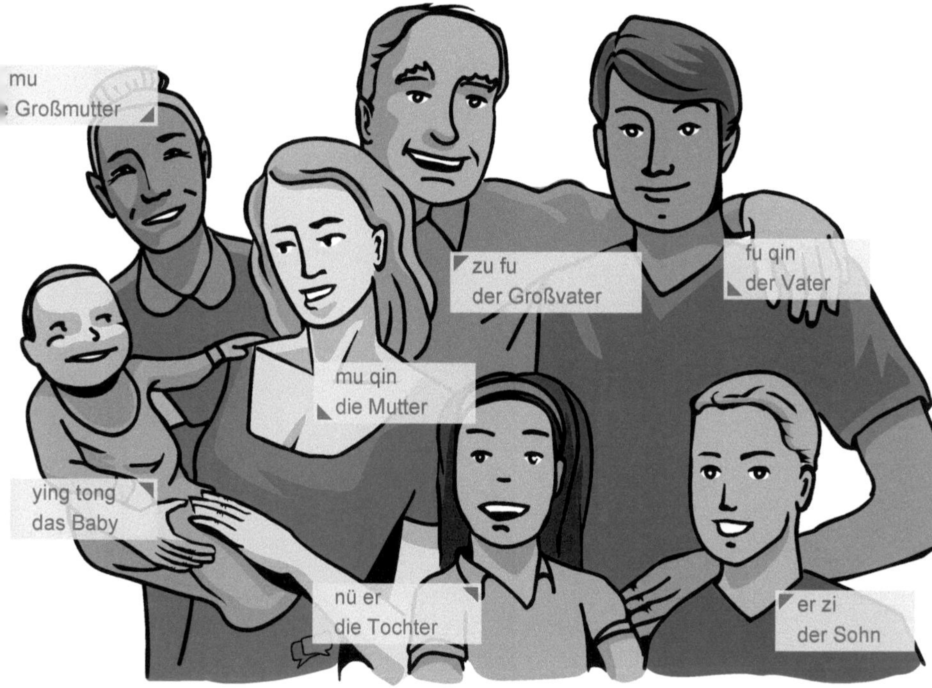

mu
Großmutter
zu fu
der Großvater
fu qin
der Vater
mu qin
die Mutter
ying tong
das Baby
nü er
die Tochter
er zi
der Sohn

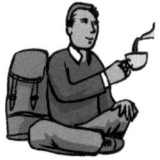

ke ren

der Gast

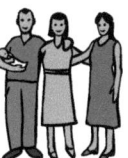

a yi

die Tante

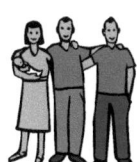

shu shu

der Onkel

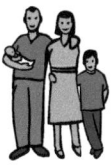

xiong di

der Bruder

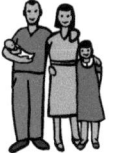

jie mei

die Schwester

shen ti

der Körper

qian e
die Stirn
yan jing
das Auge
jian bang
die Schulter
shou zhi
der Finger
lian
das Gesicht
xia ba
das Kinn
shou
die Hand
tui
das Bein
ru fang
die Brust
shou bi
der Arm

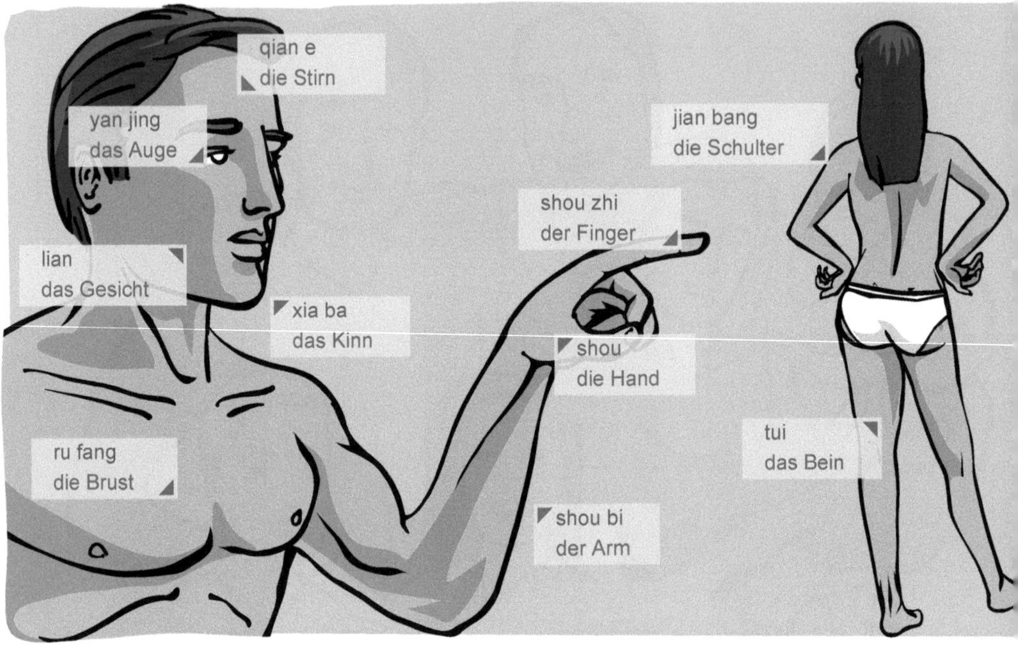

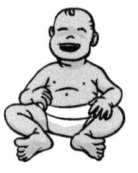

ying tong

das Baby

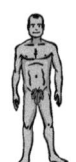

nan ren

der Mann

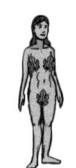

nü ren

die Frau

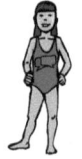

nü hai

das Mädchen

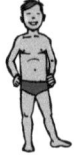

nan hai

der Junge

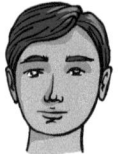

tou

der Kopf

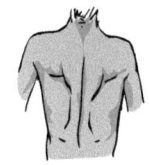

bei bu

der Rücken

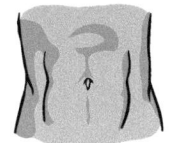

du zi

der Bauch

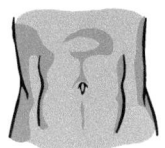

du qi

der Nabel

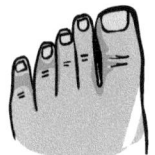

jiao zhi

der Zeh

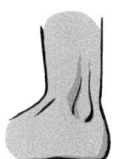

jiao hou gen

die Ferse

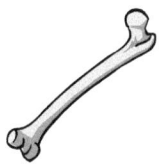

gu tou

der Knochen

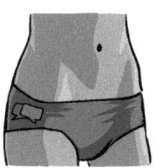

tun bu

die Hüfte

xi gai

das Knie

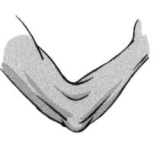

shou zhou

der Ellenbogen

bi zi

die Nase

pi gu

das Gesäß

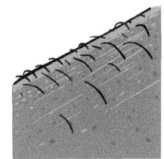

pi fu

die Haut

lian jia

die Wange

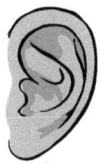

er duo

das Ohr

zui chun

die Lippe

shen ti - der Körper

zui

der Mund

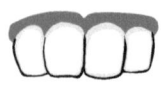

ya chi

der Zahn

she tou

die Zunge

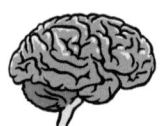

nao

das Gehirn

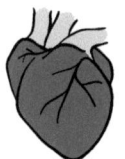

xin zang

das Herz

ji rou

der Muskel

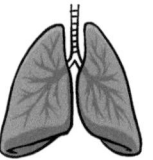

fei

die Lunge

gan zang

die Leber

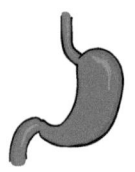

wei

der Magen

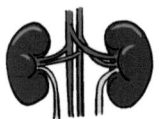

shen zang

die Nieren

xing jiao

der Geschlechtsverkehr

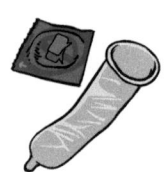

bi yun tao

das Kondom

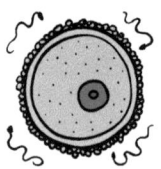

luan zi

die Eizelle

jing zi

das Sperma

huai yun

die Schwangerschaft

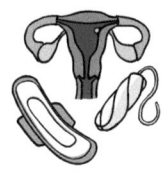

yue jing

die Menstruation

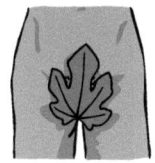

yin dao

die Vagina

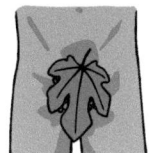

yin jing

der Penis

mei mao

die Augenbraue

tou fa

das Haar

bo zi

der Hals

yi yuan
das Krankenhaus

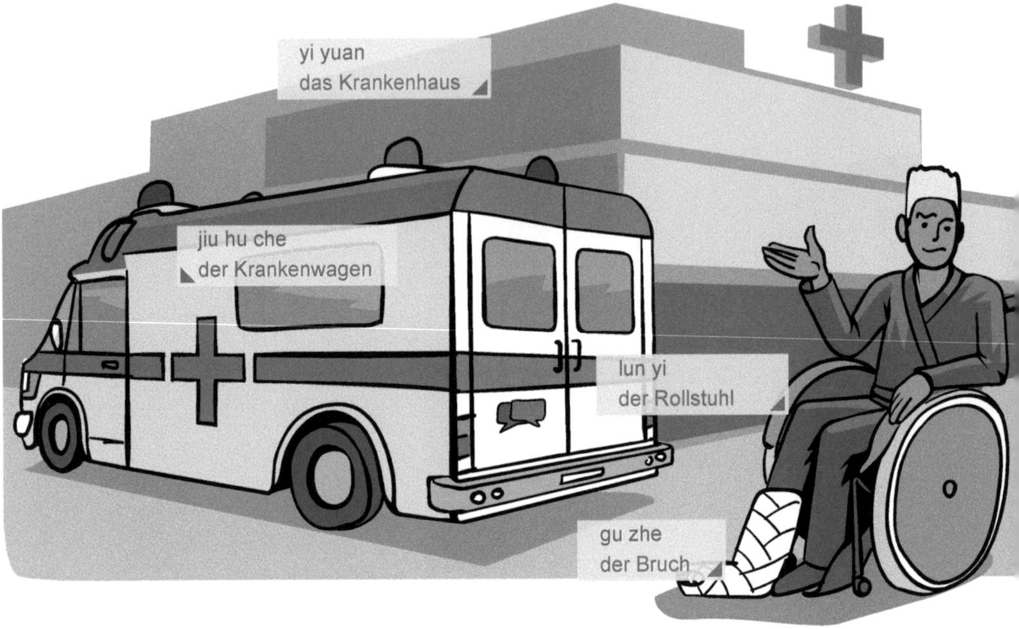

yi yuan
das Krankenhaus
jiu hu che
der Krankenwagen
lun yi
der Rollstuhl
gu zhe
der Bruch

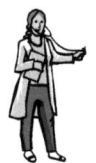

yi sheng

der Arzt

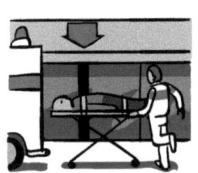

ji zhen shi

die Notaufnahme

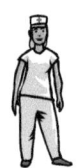

hu shi

die Krankenschwester

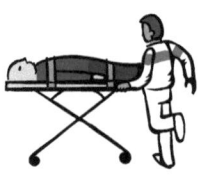

jin ji qing kuang

der Notfall

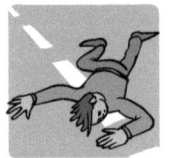

hun mi

ohnmächtig

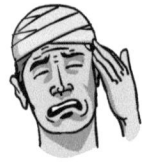

tong

der Schmerz

shou shang

die Verletzung

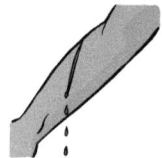

chu xue

die Blutung

xin zang bing fa zuo

der Herzinfarkt

zhong feng

der Schlaganfall

guo min

die Allergie

ke sou

der Husten

fa shao

das Fieber

liu gan

die Grippe

fu xie

der Durchfall

tou tong

die Kopfschmerzen

ai zheng

der Krebs

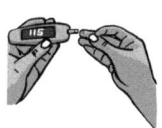

tang niao bing

die Diabetis

wai ke yi sheng

der Chirurg

shou shu dao

das Skalpell

shou shu

die Operation

CT

das CT

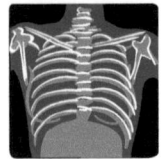

X guang

das Röntgen

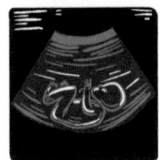

chao sheng bo

das Ultraschall

kou zhao

die Maske

ji bing

die Krankheit

hou zhen shi

das Wartezimmer

guai zhang

die Krücke

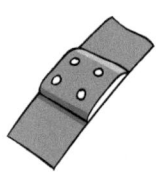

shi gao

das Pflaster

beng dai

der Verband

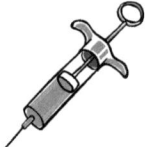

zhu she

die Injektion

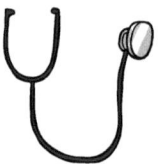

ting zhen qi

das Stethoskop

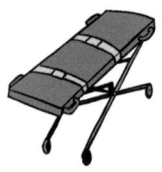

dan jia

die Trage

ti wen ji

das Thermometer

chu sheng

die Geburt

chao zhong

das Übergewicht

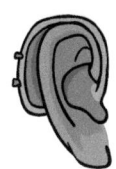

zhu ting qi

das Hörgerät

xiao du ye

das Desinfektionsmittel

gan ran

die Infektion

bing du

das Virus

ai zi bing

das HIV / AIDS

yao wu

die Medizin

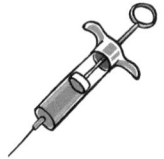

jie zhong yi miao

die Impfung

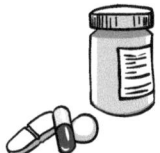

yao pian

die Tabletten

yao wan

die Pille

ji jiu dian hua

der Notruf

xue ya ji

das Blutdruck-Messgerät

sheng bing/jian kang

krank / gesund

jiu ming!

Hilfe!

jing bao

der Alarm

tu ji

der Überfall

gong ji

der Angriff

wei xian

die Gefahr

jin ji chu kou

der Notausgang

zhao huo la!

Feuer!

mie huo qi

der Feuerlöscher

yi wai

der Unfall

ji jiu xiang

der Erste-Hilfe-Koffer

hu jiu xin hao

SOS

jing cha

die Polizei

ou zhou

das Europa

bei mei zhou

das Nordamerika

nan mei zhou

das Südamerika

fei zhou

das Afrika

ya zhou

das Asien

ao zhou

das Australien

da xi yang

der Atlantik

tai ping yang

der Pazifik

yin du yang

der Indische Ozean

nan bing yang

der Antarktische Ozean

bei bing yang

der Arktische Ozean

bei ji

der Nordpol

nan ji

der Südpol

nan ji zhou

die Antarktis

di qiu

die Erde

lu di

das Land

hai

das Meer

dao

die Insel

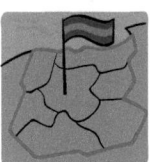

guo jia

die Nation

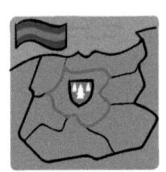

guo jia

der Staat

zhong mian

das Zifferblatt

shi zhen

der Stundenzeiger

fen zhen

der Minutenzeiger

miao zhen

der Sekundenzeiger

xian zai ji dian?

Wie spät ist es?

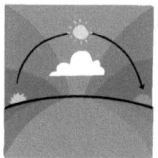

tian

der Tag

shi jian

die Zeit

xian zai

jetzt

dian zi biao

die Digitaluhr

fen

die Minute

shi

die Stunde

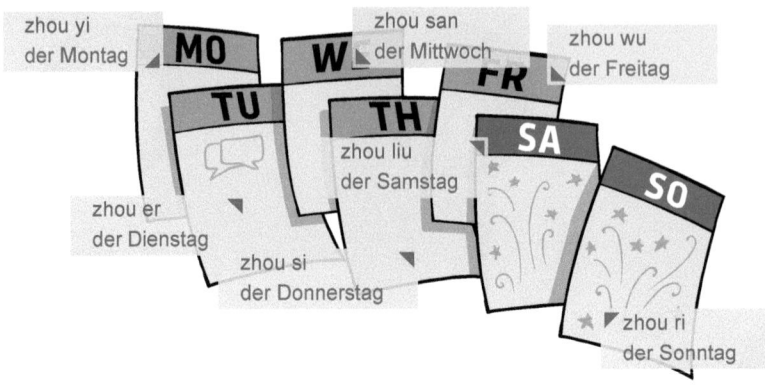

zhou yi
der Montag

zhou san
der Mittwoch

zhou wu
der Freitag

zhou er
der Dienstag

zhou si
der Donnerstag

zhou liu
der Samstag

zhou ri
der Sonntag

zuo tian

gestern

jin tian

heute

ming tian

morgen

zao chen

der Morgen

zhong wu

der Mittag

wan shang

der Abend

gong zuo ri

die Arbeitstage

zhou mo

das Wochenende

nian

das Jahr

yu
der Regen
cai hong
der Regenbogen
xue
der Schnee
feng
der Wind
chun
der Frühling
qiu
der Herbst
xia
der Sommer
dong
der Winter

4.APRIL 11°
5.APRIL 4°
6.APRIL 13°
7.APRIL 8°
8.APRIL 10°

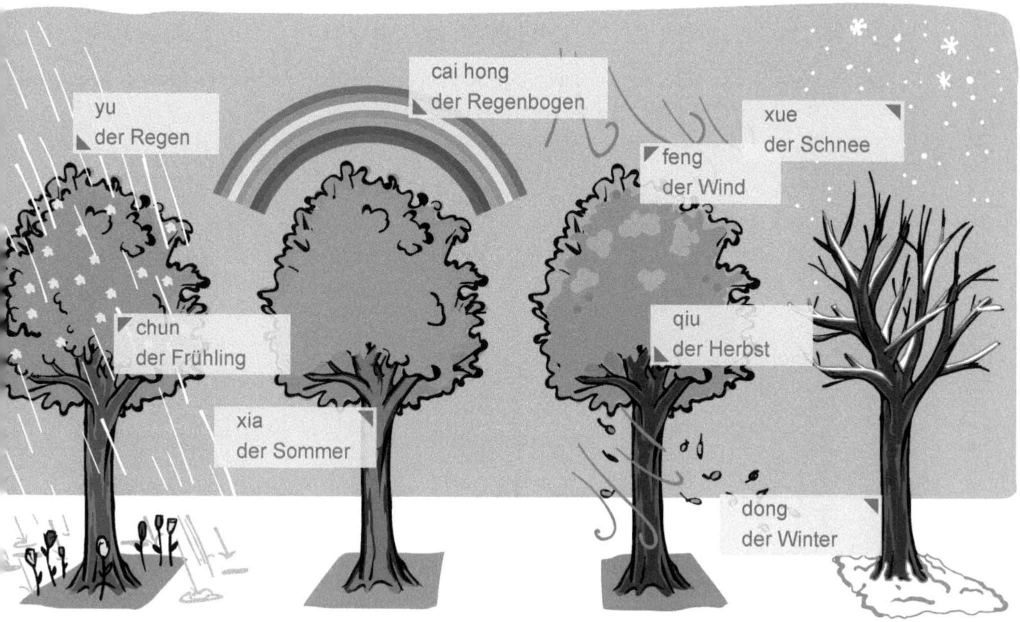

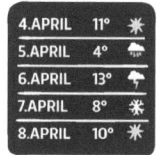

tian qi yu bao

die Wettervorhersage

F
C
120
90
60
30
0
-30
40
30
20
10
0
-10
-20

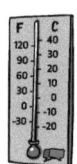

wen du ji

das Thermometer

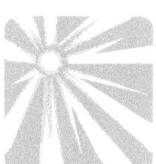

yang guang

der Sonnenschein

yun

die Wolke

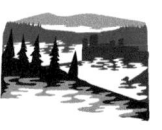

wu

der Nebel

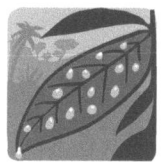

chao shi

die Luftfeuchtigkeit

shan dian

der Blitz

da lei

der Donner

feng bao

der Sturm

bing bao

der Hagel

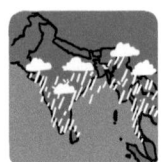

ji feng

der Monsun

hong shui

die Flut

bing

das Eis

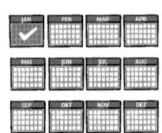

yi yue

der Januar

er yue

der Februar

san yue

der März

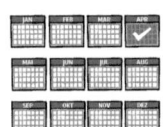

si yue

der April

wu yue

der Mai

liu yue

der Juni

qi yue

der Juli

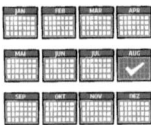

ba yue

der August

nian - das Jahr

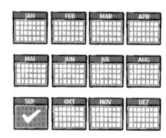

jiu yue

der September

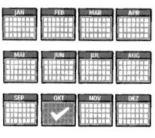

shi yue

der Oktober

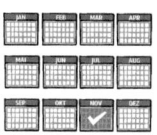

shi yi yue

der November

shi er yue

der Dezember

xing zhuang
die Formen

yuan xing

der Kreis

zheng fang xing

das Quadrat

chang fang xing

das Rechteck

san jiao xing

das Dreieck

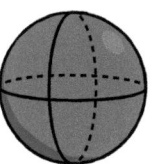

qiu ti

die Kugel

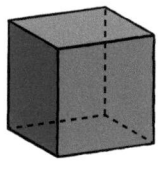

li fang ti

der Würfel

bai
....
weiß

huang
....
gelb

cheng
....
orange

fen
....
pink

hong
....
rot

zi
....
lila

lan
....
blau

lü
....
grün

zong
....
braun

hui
....
grau

hei
....
schwarz

hen duo/shao xu

viel / wenig

sheng qi/ping jing

wütend / friedlich

mei/chou

hübsch / hässlich

shou/wei

der Anfang / das Ende

da/xiao

groß / klein

ming/an

hell / dunkel

xiong di/jie mei

er Bruder / die Schwester

gan jing/ang zang

sauber / schmutzig

wan zheng/que shi

vollständig / unvollständig

bai tian/wan shang

der Tag / die Nacht

si/sheng

tot / lebendig

kuan/zhai

breit / schmal

ke shi yong/fei shi yong

genießbar / ungenießbar

xie e/shan liang

böse / freundlich

xing fen/wu liao

aufgeregt / gelangweilt

pang/shou

dick / dünn

di yi/zui hou

zuerst / zuletzt

peng you/di ren

der Freund / der Feind

man/kong

voll / leer

ying/ruan

hart / weich

zhong/qing

schwer / leicht

e/ke

der Hunger / der Durst

sheng bing/jian kang

krank / gesund

fei fa/he fa

illegal / legal

cong ming/yu ben

intelligent / dumm

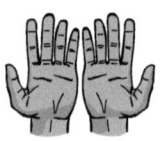

zuo/you

links / rechts

jin/yuan

nah / fern

xin/jiu

neu / gebraucht

mei you/you xie

nichts / etwas

lao/you

alt / jung

kai/guan

an / aus

da kai/he shang

offen / geschlossen

an jing/chao nao

leise / laut

fu/qiong

reich / arm

dui/cuo

richtig / falsch

cu cao/guang hua

rau / glatt

shang xin/gao xing

traurig / glücklich

duan/chang

kurz / lang

man/kuai

langsam / schnell

shi/gan

nass / trocken

wen nuan/liang shuang

warm / kühl

zhan zheng/he ping

der Krieg / der Frieden

0

ling

null

1

yi

eins

2

er

zwei

3

san

drei

4

si

vier

5

wu

fünf

6

liu

sechs

7

qi

sieben

8

ba

acht

9

jiu

neun

10

shi

zehn

11

shi yi

elf

12

shi er

zwölf

13

shi san

dreizehn

14

shi si

vierzehn

15

shi wu

fünfzehn

16

shi liu

sechzehn

17

shi qi

siebzehn

18

shi ba

achtzehn

19

shi jiu

neunzehn

20

er shi

zwanzig

100

bai

hundert

1.000

qian

tausend

1.000.000

bai wan

million

ying yu

Englisch

mei shi ying yu

Amerikanisches Englisch

pu tong hua

Chinesisch Mandarin

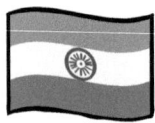

yin di yu

Hindi

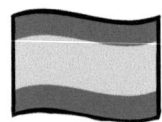

xi ban ya yu

Spanisch

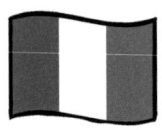

fa yu

Französisch

a la bo yu

Arabisch

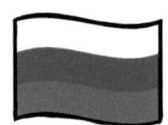

e yu

Russisch

pu tao ya yu

Portugiesisch

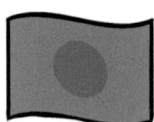

feng jia la yu

Bengalisch

de yu

Deutsch

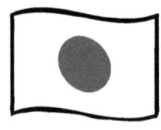

ri yu

Japanisch

wo
....
ich

ni
....
du

ta/ta/ta
....
er / sie / es

wo men
....
wir

ni men
....
ihr

ta men
....
sie

shei?
....
wer?

shen me?
....
was?

zen yang?
....
wie?

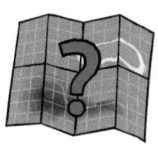

na li?
....
wo?

shen me shi hou?
....
wann?

ming zi
....
Name

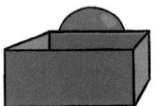

hou mian

hinter

li mian

in

qian mian

vor

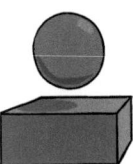

shang fang

über

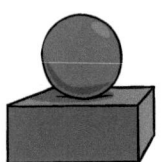

shang mian

auf

xia mian

unter

pang bian

neben

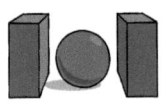

zhong jian

zwischen

di dian

der Ort